张明转◎编著

李书福的偏执智慧

ZHEJIANG UNIVERSITY PRESS

浙江大学出版社

目　录

第六章

招贤纳士,人尽其用——吉利人才管理 /103

第三篇

偏执的行动者:打破"蛇吞象"的失败魔咒

第七章

以小博大——李书福的资本博弈战略 /129

第八章

合纵连横——扩张之路 /145

偏执也是一种生产力

英特尔公司创始人安迪·格鲁夫在 1996 年出版了一部自传——《只有偏执狂才能生存》,这部书中的诸多观点给那些对创业充满憧憬的人们带来一种启发,让他们对企业家的另一种气质——偏执,刮目相看。格鲁夫的一句"只有偏执狂才能生存"也深深地影响了后来者,让人们意识到,在某种程度上,偏执与科技、人才等因素一样,也能成为一种生产力,比如领导者的偏执有可能会给企业带来更多成功的机遇和可能。李书福的成功,除了智慧、勇气、魄力等禀赋外,更得益于此。

作为企业家的精神特质,偏执也是一种生产力。

偏执一词,在文学作品中大抵含有一些贬义,多指片面而固执。心理学上,偏执则多倾向于一种病态。偏执型人格又称妄想型人格,特点为自我评价过高,好胜心强,固执己见,多疑敏感,过分警惕。但是,在管理学中,它被赋予另一层含义。具有偏执特质的企业家,我们往往能从他们身上嗅到一股充满着对未知世界无限的好奇,拼命寻求刺激与兴奋,甚至带有一些隐而不露的恐惧感等异于常人的气味,偏执会刺激他们的"商业荷尔蒙"以最快的速度迸发。在商业领域中,除了高超的管理能力,于混沌之中的先见之明,在机遇面前敢于孤注一掷的勇气同样至关重要。

这种偏执的勇气,在商业巨子李嘉诚身上时有体现:做生意时,他不是等到稳赚不赔的绝好时机才投注,而是只要有六成的把握,就不会让机会溜走,因为他知道,"未来是难以预测的,等到我们完全有把握的时候,机会已经走了。从这个角度讲,做生意是要有天赋的,这个天赋一是感觉,有人称之为'商魂',MBA 课上不讲,因为无以言传;二是赌性,那种破釜沉舟的魄力在我看来,就是一种赌性:胜者为王,败者为寇,但拒绝平庸。我看过李书福的访谈,他说他小时候喜欢赌,而且很敢下注,往往是把赢来的再统统投下去,直到输光。当时听着不以为然,因为我对赌是抗拒的,一旦上了赌桌,早晚会输光。但是,现在想来,正是因为这种赌性成就了他,让他有可能成为中国的福特,我希望这样。"

具有偏执个性的李书福,选择造汽车时,无资金、无技术、无人才,如果当初等到各种条件都具备之后,再涉足汽车行业,恐怕早已错失市场。不仅仅是汽车行业,连同他之前涉足的多个行业也是如此。他往往先人一步,成为第一个"吃螃蟹"的人,不是因为他条件比别人好,而是他有赌性,敢于冒险。

因为偏执,李书福成为中国汽车制造业的一名"颠覆者"。他用一个亿撬起了一个汽车帝国;价格战一出,又让中国虚高的车价市场开始还原本来面目;注重自主品牌的研发,尊重人才,践行"一个企业,一座大学"的人才培养理念……如今,成功并购沃尔沃 100% 股权,他一跃成为世界汽车大佬。

李书福不是那种可以用管理学中常用词汇来描述的企业家,他对汽车的"疯狂"以及很多决策的制定和执行都彰显着偏执——偏执在这里成为一种生产力,推动着吉利不断向前发展。除了李书福,很多中国企业家也完全或部分认同"只有偏执狂才能生存"的看法。因为偏执,使他们具备了一些赌性和冒险精神,没有坐等机会溜走,斩获了更多成功的可能。

李书福的偏执是有道理的,疯狂中不乏理性。选择进入汽车行业这片蓝海,制定200万辆目标的企业"生死线",以及预言并购沃尔沃等,都离不开他对汽车市场的精准把握。除此之外,对商业模式的娴熟运用、恰到好处的政商关系等,也是偏执促进成功的重要保障。

其实偏执并不难,难的是偏执要能够直抵成功的彼岸。吉利的李书福,做到了!

第一篇
不折不扣的创业者：只想做汽车

詹·哈尼克说过，"一切活动家都是梦想家"。创业者心中如果没有梦想，很难采取行动，没有行动，也就谈不上成功。

年少时，老师曾经问过我们关于梦想或理想的问题，大家的回答大多数逃不出这几个标准答案：老师、医生、科学家、宇航员……随着成长，我们也会为自己树立理想，构筑梦想，开始有了自我主张，想法变得切合实际。可是，长大后，真正成为自己心目中那个理想人物的又有几人呢？有多少人的梦想照进了现实？

实现梦想的关键在于是否采取了行动，以及行动是否足够坚定。很多人的梦想十分高远，他们也为梦想做着各种准备，但很多时候患得患失，或根本就不相信以自己现在的实力能够取得成功，于是畏首畏尾，让梦想渐渐变得模糊起来。

践行梦想，真的需要勇气。李书福对汽车的偏执喜爱，以及坚决要做汽车的梦想，在有些人看来不切实际，认为他仅仅是个思想上的巨人，不知天高地厚。因为，造汽车不是一件简单的事情，除了要有雄厚的资金支持外，还必须懂技术，获得政府相关部门的允许等，工程浩大，需要做足准备。可就是这么一个在旁人看来有着不现实梦想的创业者，却最终迈向了成功。

初期，他要为"准生证"、造汽车所需的人才、技术、资金等四处奔波，等到吉利一天天壮大起来，还得顶着巨大的压力为企业制订长远规划，并发出"让全世界都跑上吉利车"的振聋发聩之声。他的一步步行动和一个个决定，显露着疯狂，让人觉得不可思议。但就是这么一个对梦想偏执、敢于不折不扣践行梦想的人，扛着吉利的牌子一路走来，并肩负起企业家的社会责任感，让梦想一点一点照进了现实。

李书福在践行"造车梦"时，条件很不成熟。"三无"的现状，亲朋好友的极力反对，创业条件的艰苦……不管哪一项，几乎都会让和他有着同样梦想的人望而却步，不敢采取行动。面对处处捉襟见肘的创业之路，李书福却硬是坚持下来，并且做得风生水起。在我们周围，很多人都有创业梦想，但是他们却迟迟没有行动。询问这些人，大多数会说，时机还不成熟，资金还没到位，准备不够充分等。这些原因自然有其客观合理性，但不可否认，没有行动，创业只能成为一个未知的梦想。

李书福不仅践行着梦想，并且让梦想以惊人的速度向前演进。他一路过五关斩六将，扛着吉利的牌子不断抢占汽车工业的高地，造车之路犹如星火燎原，一发不可收拾。从"豪情"到"远景"，从主营经济型低档轿车到转战中高级轿车，从自主研发的3缸发动机到如今装在 AGF 赛车上的 CVVT 发动机，吉利轿车的迅猛发展势头让中国人刮目相看，也令世界汽车制造业震惊。此前几乎被合资浪潮淹没的中国本土汽车工业，终于冲破黎明前的寂静夜色，露出重新振兴的曙光，李书福也因此成为中国民营汽车行业的领军人物。

让我们像李书福那样，做一个勇敢的践梦者。不要等到万事俱备的时候再采取行动，有了创业梦想，就要敢于践行，并具有不断挑战的勇气，不仅不让梦想歼灭在梦中，还要有将梦想做强做大的决心和更为坚实的行动。

第一章

执著——顽强的"造车梦"

偏执梦想:"不抛弃,不放弃"

> 梦想总是遥不可及
>
> 是不是应该放弃
>
> 花开花落又是雨季
>
> 春天啊你在哪里
>
> ——《老男孩》歌词

一首《老男孩》让很多人潸然泪下,那是青春与梦想碰撞的共鸣。每个人的心中都有一个或大或小、或远或近的梦,对自己的生活和未来寄予一定的期许,也曾为心中的那个梦想奋斗过、拼搏过。然而,最终只有很少一部分人实现了梦想,迎来了梦想在现实扎根的喜悦。这是因为,我们之中很多人在奋斗一段时间后就放弃了自己的初衷,抛弃了原来的梦想。在现实生活中,很多人,他们不是从一开始就没有梦想,没有追求。相反,他们的梦想足够远大,然而他们缺少对梦想的执著,不具备许三多式的"不抛弃、不放弃"的坚韧和不服输精神,让梦想照进现实的执行力不足。

成功者需要有坚定追求梦想的勇气，不被现实的残酷所吓倒，无论前方道路有多艰险也不选择退缩，认准了目标就一路走下去。他们在苦难中保持足够的韧性，能够承受一切不可知的打击和磨难……

李书福19岁开始下海经商，从做照相生意开始，到涉足冰箱行业掘得第一桶金，再到搞房地产栽了一个大跟头，从而坚定了走实业之路，然后进军摩托车制造业。1994年之前，李书福的汽车梦还没那么清晰，起码人们还未看出他想造汽车的端倪。但从他"屡败屡战"中，可以看出他对创富愿景的偏执。

1994年，李书福一头扎进汽车行业，开始践行一场旁人看来天方夜谭般的"造车梦"。造车，这个梦，一做就是数年、十几年，直到现在，李书福还在追随他的"造车梦"。

2005年，由W.钱·金、勒妮·莫博涅合著的《蓝海战略》一书，在全球管理界引发了一场轰动，先后获得"《华尔街日报》畅销书"、"全美畅销书"等称号，并迅速火遍中国，给中国企业家灌输了"蓝海"这个前所未闻的"舶来"词汇，"蓝海战略"也随之被提升到企业战略的高度。这本书告诫企业家们，在商业竞争中要开拓思维，不必死守固有市场；应跳出传统的"红色血腥"竞争，大胆开辟新的"蓝海"，这才是企业发展的王道。

早在"蓝海战略"问世之前，已经有很多人选择了投身"蓝海"。李书福就是其中一员。民营企业家选择造车，他是第一人，汽车行业对于当时的中国就是一片蓝海。有时候，商海中缺少的不是蓝海，而是发现蓝海的敏锐眼光。李书福盯准了这片蓝海，并让自己的"造车梦"稳稳地走进了现实。

但在政策不允许民营企业生产汽车的年代，李书福无法获得汽车"准生证"。这种来自政策的障碍，往往是最难以突破的，也是最容易让企业家灰心的。中国的民营企业家在追逐梦想的过程中压力很大,其致命根源在于民营企业处于"摸着石头过河"的制度开放中,缺乏自主人格。很多政策走走,看看,停停,甚至有时会骤然更改风向。而脱胎民间的民营企业,很多时候站在政策风险的第一线,他们反复突破旧政策,又反复违规,极有可能背负上原罪,于是无数悲剧上演。

但是,并不是所有的企业在规避政策壁垒的过程中都会上演悲剧。李书福采取"先把孩子生下来再说"的"赌博"策略,一路闯"红灯",最终为自己的"造车梦"杀出了一条生路。

实现梦想不是一时兴起、瞬间点燃的星火,也没有任何捷径可循,梦想的实现需要长期细致、踏实、毫不畏惧的坚持。同时,破釜沉舟的勇气、卧薪尝胆的隐忍以及坚忍不拔的追逐,也是必不可少的。

英特尔公司董事长安迪·格鲁夫充满传奇的一生印证着他的那句名言:"只有偏执狂才能生存。"而李书福的造车之梦也印证了这句话。这位从浙江台州一个贫困小山村里走出来的民营企业家,用他那偏执的特殊性格,为我们抒写了一个由草根走向富翁的传奇故事。他像"疯子"一样,顽强地追逐自己的"造车梦"。他无所畏惧,自然可以甩开膀子大胆地大干一场。商海如战海,一旦踏入,就是一片汪洋恣肆,而最终的成败往往就在于能否坚持到最后。

人与人之间差别并不大,无论是智力还是体力,最终决定胜负的往往是一个人的耐力和坚持力。这个"草根"民营企业家的造车梦想就是凭借他与生俱来的偏执实现的。他的故事还在继续,而他的这种个性会让他走得更远。

案例1·汽车——我选择了你

选择是一个过程，在这个过程中需要一番审慎的思索，也需要作出割舍。选择是通往辉煌的必经之路，在选择的过程中需要经历一番曲折和坎坷，犹如产妇分娩前深入骨髓的阵痛，让人辗转反侧，刻骨铭心。如果选择正确，会为自己的人生带来璀璨未来，那么阵痛就是涅槃；如果选择失误，则会走入迷途，那么当初的选择便如同指错方向的路标，使我们与成功背道而驰，甚至付出惨痛的代价。

选择的过程是艰辛的，特别是站在人生的十字路口时，有些人犹豫不决，害怕失败，不敢迈出第一步。然而，李书福却坚定地选择了从事汽车制造业，尽管他的家人极力反对、周围人也觉得不可思议。

不少人在抉择的时候往往不是心血来潮，他们都有自己的根据，例如经验、情结甚至别人的游说。李书福能够在摩托车生意红火的情况下毅然选择进军汽车这个陌生的行业，甚至愿意为此倾家荡产，这与他早年的汽车情结息息相关。我们可以从他小时候"特立独行"的行为中看出一些端倪。

李书福小时候，会把随处可见的泥巴收集起来，然后捏出各式各样的玩具。可能是天性使然，他捏得最多的就是汽车。李书福至今还记得童年的这段往事："小时候玩的车，是我用泥巴做成的，汽车、拖拉机都有。因为床底下比较凉，泥巴放在下面不容易开裂，我就把它们统统放在床底下。爸爸发现以后打了我，说床底下是我们家放粮食的，却被我的泥巴车堆满了。"

或许在幼年用泥巴捏汽车的时候，汽车情结就悄悄地在他心中扎根了。只是那个时候的梦很模糊，只能算得上是对汽车的懵懂喜爱。而真正让李书福萌生造汽车的想法，则要追溯到他买第一辆车的时候。李书福也直言不讳："从买第一辆汽车以后,我就想造汽车了。"

1989 年,在深圳进修的李书福买了他有生以来第一辆汽车——深圳市中华汽车制造公司造的国产中华牌轿车。机缘巧合,当人们对洋汽车趋之若鹜时,这位当时已经身价上千万的老板却买了一辆国产轿车。当时,中华牌轿车价格相对便宜,但从性能、安全性以及口碑等方面来看,与世界顶尖品牌尚有一定差距。然而,可能就是因为这辆轿车是国产的,才吸引了他。

早在 20 世纪 90 年代,国内的汽车市场几乎被进口车辆占据。因此,这辆由中国人自己制造的轿车让李书福产生了浓厚的兴趣,他毫不犹豫地买下了这辆中华牌轿车。

同时,这辆中华牌国产轿车也点燃了李书福"造车"的火花,如今火花已成燎原之势。

李书福从深圳一路开着中华牌轿车回到浙江台州老家,同时,这次南下深圳,他也带回来了新的商机——一种做装修要用的镁铝曲板。之后,李书福成立了黄岩吉利装潢材料厂,做起了建材生意。这种镁铝曲板在当时被认为是高档货,大陆市场上流行的基本上来自台湾,一张价格为 220 元,然而到了 2005 年,这种建材的售价每张只要 10 块钱左右。由此可以管窥李书福家族当年因为这个生意所产生的高额利润。

之后,李书福在海南的房地产生意一下损失了几千万元,但是,也坚定了他走实业这条路的想法。然后,他辗转进入了摩托车行业,一样干得风生水起。

尽管摩托车生意让李书福获利丰厚,但是他的目标和想法并不在此,不安分的个性注定他要实践自己的汽车梦。或许李书福觉得造车的时机已经成熟,不能再让那个梦还停留在想象阶段,必须马上开始着手付诸行动。

李书福偏执而倔强的性格决定了其"言必行,行必果"的行事风格——找准了目标马上行动。虽然他的决断有时候会出现偏差，比如海南的惨败。但这些年来，他辗转于冰箱、建材、摩托车等多个行业，都证明了其具有精准的战略眼光，也让自己和身边的人都获得了切实的利益。

当他提出造汽车的想法时，除了家人反对之外，大多数人也都认为他有些不切实际，甚至觉得是天方夜谭。因为当时他在造车方面一穷二白，从哪里看都不具备造汽车的条件。原一汽党委副书记方劼曾经在接受采访时回忆，他当年对李书福的选择表示很大的质疑："你搞个个体、搞个私营，在我的脑子里，你卖鸡蛋、缝个衣服、开个布店，大概就差不多了。你要干汽车行业也可以，开个修理店、维修店，或是造农用车就差不多啦。他要造汽车，我不敢投信任票。不但我不投信任票，更多的比我资格还老的人，都不投信任票。一句话，意料之外。"

当时很多人都没有料到李书福能造出汽车，更多的是质疑，甚至嘲讽。但是，他就是在周围人的一片唏嘘声中开始了汽车之旅。不过，他的选择并非出于盲动，而是经过深思熟虑后的明智决策。

如果将现存的市场划分为红海和蓝海，那么红海代表现今存在的所有产业，即我们已知的市场空间，而蓝海则代表未知的市场空间。汽车工业在当时的中国有着巨大的市场空间，李书福正是看到了这片蓝海："其实中国想造汽车的人很多，因为它有巨大的空间，所以实现起来也相对比较容易。另外，在那个时候，大量的工程技术人员闲置，这是我们所了解到的。因为外国人不用中国的工程师，而中国在改革开放之前，有一汽、二汽，包括其他汽车厂，培养了不少工程师，这些工程师的作用没有很好地发挥出来，所以有很多客观的条件，给我们这个决策带来了信心。"

他对汽车饱含热情，除了看到这片蓝海之外，还看到了汽车市场的巨大利润。

拆了那辆中华牌轿车之后，他发现汽车并没有想象中那样复杂，技术堡垒并非难以攻破。技术完全可以复制的汽车售价竟高达 6 万元,可见汽车行业有着惊人的利润。因此,李书福的造车梦要一直向着现实的土壤延伸下去。李书福去美国考察时,发现美国的汽车要比中国多很多,这让他看到了商机,并断言中国的汽车行业一定可以做大。于是,他坚定地选择了汽车行业,并且义无反顾地走了下去。

"古之成大事者,不唯有超世之才,亦有坚忍不拔之志也!"李书福曾经走在"钢丝线"上,随时都有粉身碎骨的危险。不过,他最终冲破种种阻碍,坚持了下来。选择了汽车,就意味着选择了一条坎坷不平的路。他本可以安于已有的成绩,即使这样也能生活得很自在。然而,他喜欢跋涉,对挑战富有激情,也喜欢追逐梦想的过程。多年之后他感慨:"人生的过程是美好的、彩色的、斑斓的,但是人生的起点和终点是黑白的、枯燥的,关键是追求这个过程。"

案例 2·巧为无米之炊

做出了选择,就应为自己的选择进行前期的准备,并付出努力。如同厨师做饭菜一样,如果他打算来一桌中国传统的四菜一汤,那么,在做菜之前,首先必须准备好做这些菜和汤所需要的材料。所谓"巧妇难为无米之炊",没有做菜和汤的材料,即便有再高超的厨艺,也不可能烹饪出一桌美味的佳肴。

造汽车也是如此。首先,李书福必须为造汽车准备足够的资金。因为造汽车是一项巨大的工程,只有在资金充足的前提下,造车的计划才有可能得以践行,成为现实。同时,制造汽车所需要的人力、技术等也是必不可少的资源。

那么,当时李书福为自己的造车计划到底做了哪些准备呢?

到 1996 年为止,李书福通过做冰箱、搞建材、造摩托车等生意积累了大量的资本，已经成为名副其实的有钱人。但是，如果把他的这些钱用来造汽车，却显得有些寒酸。

而且对于汽车行业，李书福还是个门外汉。在他计划造汽车之前，几乎没有接触过与之相关的行业。摩托车生意算是和汽车有关联，但李书福做得也并不久，造摩托车的难度与造汽车的难度根本不可同日而语。在技术、经验等条件皆不具备的情况下，造车所需的要素只能用钱来购买。因此，巨额投资是资本高度密集型汽车产业的血脉。没有大量的资金做支撑，造汽车的计划是不可能实现的。

当时李书福兜里揣的钱不过才 1 个亿左右，虽然他对外界宣称是 5 个亿。要知道，1996 年投产的桑塔纳轿车，国家为此投了十几个亿，而且当时上海汽车制造厂已经拥有了十几年的造车经验，并拥有一批成熟的设计师。相形之下，李书福的吉利集团还在蹒跚学步阶段。

按照国家产业政策，1994 年对地方政府进入汽车产业规定了 15 亿元的准入门槛，并且前提是得到政府的批准。这样的规定一直延续到 2005 年。从 2005 年开始，政府在政策层面对民营企业打开了生产汽车的大门，但是准入门槛也随之增加到了 20 亿元。

李书福要想造汽车，在资金投入方面显然是捉襟见肘的。即使暂将"准生证"的问题搁置一边，单看准入门槛这一规定，李书福拥有的资金也相差甚远。

资金如此短缺就开始要大刀阔斧地造汽车，自然会受到外界的嘲讽和鄙夷。李书福也因此被冠以"疯子"的称号。他敢于冒天下之大不韪，敢于为他人所不敢为，即使在条件不具备的情况下，仍励精图治，绝不退缩。

反观如今的一些创业者，他们在刚刚开始创业的时候，碰到一些挫折和困境就开始叫苦不迭，甚至大有生不逢时的感慨，抱怨远远超过了付诸实践的努力。试问，哪个创业者在事业之初没有遭受磨难？

今天,吉利汽车在李书福的带领下确实已经取得了骄人的成绩。身处草根阶层、资金极度短缺,居然还能够获得成功,这让很多同样境遇的创业者羡慕不已。同时,也不禁生出疑问,李书福如何在仅有1个亿资金的情况下进行汽车生产,创造出以小搏大的造车奇迹?

"巧妇难为无米之炊",这个道理我们都懂,李书福却巧妙地做了这无米之炊。创业之初,李书福买下临海地区的800亩土地建成生产汽车的产房,同时,他还需要采购生产汽车所需要的各种设备和零部件,因此1个亿的资金是远远不够的。他的家人虽然也在做生意,但是他们经营的工厂生产的大多数是轻工业产品,产值最高也不过数亿元。作为民营企业,向银行贷款也行不通。据说,当初只有民间银行银座和泰隆贷给他几千万元。因此,资金短缺就成了一个无法回避、十分严峻且亟待解决的问题。但是,李书福硬是把这个硬骨头啃下了。

任何企业都不是社会上的孤立链条,企业的发展除了需要具备优秀的企业领袖和卓越的内部管理外,还需要和谐融洽的外部环境。不要小觑任何资源的能量,在关键时刻,那最不起眼的外部资源可能就是企业的救命稻草。李书福能为这无米之炊,自然也少不了借势外部资源。吉利历史上有名的"老板工程"就是巧妙整合、利用外部资源,从而解决创业之初资金困境的范例。

何谓"老板工程"?

李书福曾经这样解释:请资金持有者加盟吉利,与吉利合伙创办子公司或分厂,让有钱人成为"老板";请缺乏资金但有管理才能的人加盟吉利,成为吉利的管理人员,靠自己的才能成为"老板"。

"老板工程"事实上就是吉利集团凭借吸收外部资金和人力资源,为汽车的生产储备前期的资金和人才,使企业正常运作,并为将来的大规模扩张奠定坚实的基础。这是在当时吉利集团资金匮乏和人才不足的情况下想出来的一个权宜之计,这一"工程"确实缓解了李书福创业之初的种种困境,缓和了资金不足的燃眉之急。

"风险自担,利益共享"的"老板工程"为吉利集团吸引了大量有资金实力的老板前来注资。据说,为吉利的首款轿车吉利豪情生产配套设备的车身一分厂、车身二分厂、变速箱分厂以及发动机分厂等众多分厂都是通过"老板工程"吸引各个老板注资生产的。

说白了,"老板工程"就是李书福准备好土地、厂房和生产设备,然后把这些土地、产房和生产设备租给参与"老板工程"的众多老板,由这些老板来出资进行汽车配套部件的生产,再把生产出的产品用来交付租金并获取相应的利润。也就是说,李书福把分厂承包给众多老板,并由这些老板来投钱进行分厂的生产运作,然后通过各个分厂的配件生产来联结吉利轿车的各个生产部门。

优秀的企业家不仅需要保持自信、勇敢,还需要有远见,并能"见缝插针"地利用、整合一切可以操作的资源。李书福的这一决策为他的事业吸纳了众多的资金和管理人才,也为这个汽车狂人能够顺利地展开"疯狂"的造车计划拉开了帷幕。敢想、敢干,还要会干,会干不但需要魄力、勇气,还需要一定的智慧和谋略,运筹帷幄,在充分发挥自身优势的前提下,对资源进行整合,以获得最大的成功。

有位知情人士对此进行了一番直白的解说,他说:"李书福在台州建立汽车城后,就把汽车制造厂分成了若干个分厂,你做车架,他做车身,这些投资都由承包者自己来完成,就连总装车间也是承包出去的。大家都用吉利的牌子,资金也统一打到吉利的账上,然后再按照投资比例与各个分厂分别进行核算……但是对外宣称整个产业都是李书福的,工商营业登记上面写的也是李书福的名字,企业的年检报表也是属于李书福的。虽然各个分厂的老板都是自己投资进行生产的,但也只是挂在了零部件公司的名下。"

李书福曾经在"老板工程"的语录中这样说道:"在新建的分厂、分公司中,吉利集团有的是全资投入,有的是控股、参股。"就这样,吉利集团内部形成了各个老板之间、各个分厂和总厂之间复杂的股权关系。而对外,吉利集团则由李书福统一做代表。

他能够通过巧妙的方式解决造车之初的种种困境,促使造车这一想法不再停留在想象的阶段。因为"老板工程",李书福成为中国股份制最早的实践者和获益者。"老板工程"实际上是一种变相的民间集资,只是他的方式更加巧妙,集的不是资,而是组装、生产汽车的配套产品。资金短缺这一挠头问题因此得到了解决。

同时,我们也会心生一种疑问:这些老板怎么能那么放心地投入资金为李书福的造车提供方便呢?

这就在于李书福多年的商海生涯为自己树立了良好的商誉,以前的冰箱、建材和摩托车等生意切实地为那些老板们创造过收益。因此,当他把视线瞄准汽车这个行业的时候,尽管外界有很多的嘲讽与不解,但这些浙江的老板却相信他的眼光,相信李书福能再次给他们带来丰厚的回报。于是,他们慷慨解囊,义无反顾地追随李书福的造车梦。

而对于李书福来说,这一决策存在巨大风险。此举可谓釜底抽薪,成败两重天。如果赌赢了,皆大欢喜;如果赌输了,李书福这么多年在商海建立的商誉将荡然无存,从此,翻身将变得异常艰难。对于商人,商誉有时候比利润更重要。

李书福这种不计后果、敢于拿商誉去赌的行为大有成败在此一举的气魄,也正因此,解决了造车资金短缺这一看似无法解决的难题,巧为了这无米之炊,给同样处于创业阶段而资金条件不具备的人提供了一些借鉴。

案例3·艰难的准生证

资金问题解决之后,横亘在李书福面前的一个更加艰巨的现实就是关于汽车

"准生证"的问题。如果没有一张生产许可牌照,吉利集团生产的汽车就无法投入市场。然而,当时的现实是国家禁止民营企业造车。

在从经济此岸走向彼岸的过程中,中国的宏观调控政策一波三折。先于政策而行的民营资本,往往承担着更大的政策风险。有时,他们可以侥幸过关,以领跑者的姿态占领先机;有时,因为无视政策的存在,而撞在宏观调控的枪口上。在民营企业没有资格涉足的汽车行业,李书福又该如何为自己的造车梦获得准入资格呢?

回忆取得"准生证"的过程时,他感慨道:"我们当初想要造汽车的话,不允许的。但是我也向有关部门请求了,我说我们想要造车可不可以,他们说不可以。我就说我们搞研究可不可以。我担心搞研究也不可以,因为我不知道法律是怎么规定的,我没有学过法律。他说搞研究可以,那好,我就开始研究,所以我们一帮人就开始研究了。研究了几年以后,我们认为这东西可以干,可以生产;所以就要想办法怎么样才能拿到一个生产的通行证。这样就走了比较曲折的道路——很艰难。"

要想获得"准生证",当时有两条路可以走:一是向政府主管部门申报,请求批准或给吉利汽车试点生产的机会;另一个就是收购一些能够生产轿车的国有企业,从而获得牌照。

但对于李书福来说,收购国有企业显然不太可能;同时,他与政府部门不熟,也不可能指望主管部门能把吉利集团作为生产汽车的试点单位。第二条路被堵死了,所以要想顺利获得造车资格,就只能不断地去申请,不断地吃闭门羹。

尽管屡败,李书福依然信心满满,"虽然因为产业政策的限制,现在申报新车有困难,但我相信总会有一天能够成功"。

他的信心不是空穴来风,而是有根据的。当年生产冰箱,因为没有上定点目录,他的北极花冰箱厂被迫停办;然而,当时同样是民营企业,同样没有生产目录的美的、科隆等国内冰箱企业通过其他各种方法却坚持下来了。如今,它们成为了国内冰箱企业的名牌产品。同样,他的摩托车生产当时也面临着壁垒严峻的政策规定,但是,最终还是取得了合法的生产资格。

正是因为做过各种行业,领教过民营企业在创业过程中碰到的各种"困难",这让李书福对汽车生产充满信心。他意识到,国家产业政策对民营企业的开放程度是一个循序渐进的过程,应顺应经济发展大势,认准了就要坚持。

为了一张"准生证",他四处奔走,频频往返于北京和浙江,不停地在相关政府部门之间游说。申请"准生证"的过程异常艰辛坎坷,但他一直没有放弃。只是这一天不知道什么时候才能到来。

山穷水尽处,终于柳暗花明。一次,李书福在四川德阳与几个朋友吃饭闲聊时居然为汽车的生产执照找到了出路。当时,德阳一个监狱下属的汽车厂可以生产汽车,而且,这个监狱的监狱长是其中一个人的朋友,主管这家汽车厂。虽然只能生产轻型客车和两厢轿车,但对于李书福来说,这是天大的喜讯,他当即和这家监狱下属的汽车厂谈起了合作。

李书福对这个汽车厂入股70%,为其取名"四川波音汽车制造有限公司"。就这样,李书福用客车生产许可证打起了生产轿车的"擦边球"。国家的政策壁垒森严,李书福不能硬闯"红灯",但是先绕道而行再伺机等待机会,这倒是另一种生存智慧。

"先投入战斗,然后再去想解决的办法。"拿破仑的话的确有可行性,这也是李书福造车之旅的真实写照。敢于决策并承担风险,只要看到市场机会就决不放手。正因为如此,他才会在政策壁垒最难攻克的汽车行业里让吉利汽车顺利降生并成长起来,从"战争中学习战争"是民营企业于政策夹缝中生存的一个明智选择。

然而,与这家汽车厂的合作并不愉快。李书福对此的评价是,这个汽车厂的唯一优点是人力比较便宜,但它的效率很低,而且进出很不方便,无法让客户观看汽车的生产过程。

不管怎样,李书福总算为自己的汽车觅得了一件合法的外衣。尽管这家汽车厂在汽车生产目录上的代码是以"7"开头的,不能生产他梦寐以求的三厢轿车,但起码有了一个很好的开端。

合作期间,监狱长不幸去世。李书福有心自己造汽车,于是走通一些关系,买下了"四川波音汽车制造有限公司"剩下30%的股份。至此,李书福得到了在浙江临海自己生产汽车的机会,吉利汽车真正开始自己造汽车的历程。不过,李书福的这一做法是十分冒险的,因为异地造车在当时也是不合法的。

1998年8月8日,吉利集团的第一辆汽车——吉利豪情下线了。李书福看到自己孕育的"新生婴儿",心中充满了喜悦和难言的成就感。然而,当他发出700多张邀请函,准备了100桌酒席请相关部门的人员来见证吉利豪情的诞生的时候,很多人接到邀请函后当即表示不可能参加,这就意味着"吉利豪情"风风光光的下线仪式可能泡汤。

可以不管不顾周围人的冷言冷语,但是,面对自己造的第一辆轿车的下线仪式,却没有人来捧场,这样的打击对李书福是巨大的。

当时,国家政策制定了"3+6"的产业格局,在汽车行业形成了以三家汽车公司和六家中型汽车公司准垄断的格局。吉利集团这个在当时名不见经传的民营汽车制造企业是游离于政策之外的,自然很难得到相关部门的认可和支持,谁又敢以身试法来参加这个下线仪式呢?

生产汽车是一个大工程,牵涉很多部门。无论是交通部门,还是公安部门及运管部门,只要有一个环节没打通,就有可能使吉利陷于困境。如果完全得不到当地政府的支持,吉利生产的汽车将很难找到经销商。更何况现在是异地生产,这个致命的问题需取得政府的支持才能解决。

吉利豪情在浙江临海市下线,标志着他的造车梦变成了现实。然而,由于没有"准生证",很多人不愿给他面子。这个仪式,对于李书福是一个崭新的开始,意义重大。没有人敢来,或看不起这个民营企业而不屑来,对他又是一个重大打击。之后他提及此事时,仍然感慨万千:"我当时真想哭。办了100桌酒席,却没有来宾,这是什么滋味?"

当时,他想到了时任浙江省副省长的叶荣宝。听别人说,叶荣宝曾经有一次组织浙江省汽车配件企业的厂长到外地去取经,结果空手而回。此后,叶荣宝下定决心,要让浙江省有自己的整车厂。而李书福的造车梦与叶荣宝的愿望不谋而合。

叶荣宝接到李书福的传真后,便驱车300公里从杭州来到临海,参加了"吉利豪情"的下线仪式。这位副省长的到来,让市里和县里的领导也不再回避,下线仪式得以风风光光地举行。更值得一提的是,叶荣宝副省长日后也为吉利集团"准生证"的申请立下了汗马功劳。

通过"借壳生蛋"的策略,四个轮子的吉利轿车终于在市场上见到天日了。不过,生产汽车的同时,李书福仍念念不忘尽快拥有属于自己的"准生证"。

为了一张生产许可证,李书福四处奔走。1999年,时任国家发展计划委员会主任曾培炎来台州进行调研。李书福抓住这一难得的机会,当面向曾培炎主任提出申请,并言辞恳切地说:"请允许民营企业大胆尝试,允许民营企业家做轿车梦。请给我一次失败的机会。"

令李书福失望的是,他用力地去撞击那扇国家产业政策的大门,但那扇大门依然严丝合缝,没有透露出丝毫想要接纳这个外来者的讯息。

2001年7月,国家经贸委公布了最新一期《车辆生产企业及产品公告》(以下简称《公告》),在这一《公告》中,吉利上报的两款新车仍是"榜上无名"。

当时，《中国企业家》杂志中有一篇《生死李书福》的报道，摘录如下："对那次《公告》，李书福寄托了太多太多的期望。但是，当别人在《公告》刊出当天告诉他，吉利被排除在目录之外时，他甚至没有勇气自己拿起那张刊登《公告》的报纸，找寻吉利的踪影……期望再次落空。这意味着吉利的生产和销售被死死地局限在现有的两款车型——'豪情'和'美日'上，这意味着李书福千方百计组织人力财力设计出来的新车型，包括被称为'中国第一炮'的吉利跑车，都只能陈列在吉利办公楼的大厅里仅供参观……9月，一个宁静的夜晚，走在北京亚运村的街道上，李书福仰望只有一钩残月的夜空，吁叹一声。这真叫英雄气短啊！"

"准生证"的取得艰辛而曲折。然而，皇天不负苦心人，经过李书福锲而不舍的努力，以及叶荣宝等人的帮助，李书福的奔走和呼吁终于换来了政策的接纳。就在那篇报道刊出一个多月之后，有关部门突然间增发了一批汽车生产许可证，"吉利JL6360"在批文上赫然醒目。第二天，中国加入 WTO，吉利汽车也顺利取得了"准生证"。因此，"中国入世"和"李书福入局"这两条新闻一时间同时出现在了各大媒体上。至此，李书福的汽车终于不再是"黑户"，有了政策的阳光，吉利成长得更为茁壮。

本章启示

从一介草根，摆脱贫困，走上致富之路，是一个迫切而美好的愿景。因而通过创业实现梦想，已成为很多年轻人追逐的方向。年少轻狂时，意气风发，希望家人过上富足优裕的日子，自己也能名利双收，这些美好的愿望都曾在年轻的思维中闪烁过光辉的影像。然而，影像成真的人并不多。

没有人能保证自己是永远不败的英雄,尤其是在变幻莫测的现代商海中。"折戟沉沙铁未销",创业者需要具备不甘于失败的勇气,以及屡败屡战的韧劲,同时,在倾覆边缘要时刻勉励自己再坚持一下,坚信英雄总有用武之地。

李书福的"造车梦"最后变成现实,就在于他的坚持。如果当年因为资金短缺而退缩,或因为没有"准生证"而放弃,就不会有今天的吉利轿车,李书福本人也将只是浙江台州拥有千万资产的众多富豪中的一员,当今社会上自然也不会流传关于他创业的种种传奇故事,更加不会上演"蛇吞象"的惊人壮举。

通过本章案例,我们可以得到以下启示:

1. 要敢于坚持梦想,认准了就不放弃

创业要想取得成功,致富的愿望要想得以实现,坚持到底的精神必不可少。没有对梦想的坚定追求,不敢为梦想倾尽所有、痛下决心来一场生命的赌注,成功的喜悦也不会轻易降临。然而,付出不一定会成功,但是要想实现梦想,就必须付出。

李书福为了自己的"造车梦"冲破种种壁垒,甚至赌上自己的身家性命。然而,他的追逐不是盲目的,而是有根有据的。在他看来,投身汽车制造业是可行的,市场对汽车有需求。在经过一番深思熟虑、种种权衡之后,他认准了就再没有放弃。

自从李书福宣称要进军汽车行业,就一直面对着种种嘲讽和质疑。大众的猜想和疑惑也不无道理。比如:吉利集团作为体制外的民营企业,怎么可能在准垄断行业取得一席之地? 一个只是造了几天摩托车、对汽车完全是个门外汉、几乎没有任何技术经验的后进者,怎么可能在汽车行业有立足之地? 一个纯粹草根出身,没有一点关系和背景的人,怎么可能搞好现代企业?

众人都觉得民营企业造汽车是天方夜谭,李书福却用自己的偏执为梦想点亮了前行的夜灯。资金、技术、"准生证"、销售，一件件看似无法解决的难题得以解决。"忽如一夜春风来，千树万树梨花开"，吉利汽车在人们的诧异声中跑遍了中国的大小街道，打破了"民营企业家不可能造汽车"的社会刻板印象。

李书福抱着"不成功、便成仁"的追求和毫不畏惧失败的勇气，实现了自己的梦想。同样希望通过创业致富的人们应该具有这种魄力，只要认准一件事，并且觉得这样的事情可行，就一定要坚持下去，半途而废将与成功失之交臂。

2. 善于抓住商业蓝海

《史记·商群列传》云："疑行无名，疑事无功。且夫有高人之行者，固见非于世；有独知之虑者，必见敖于民。愚者暗于事，知者见于未萌……论至德者不和于俗，成大事者不谋于众。"企业家要想成就大事业，就需要不谋于众，即抓住商业中的蓝海。

从电冰箱到建材，从建材到摩托车，再从摩托车到汽车，李书福的这几次成功创业都选择了很少有人涉足的蓝海，总是走在别人的前面。因此，他几乎每次创业过后，都会有一群紧追其后的模仿者。

李书福商场眼光的独特前瞻性为他积累了巨大的财富，他有一句话："少谈点金钱，多谈点精神"，为人们总结了他一次次致富的经验。获得财富，不是赚钱技术的问题，而是精神的问题。敢为天下先，拥有追逐梦想的胆略和魄力，敢于做第一个吃螃蟹的人，才能更快地获得成功。

造汽车，在那个年代是民营企业家既不敢想也不敢做的事情。但是李书福敢想敢做抓住了这片蓝海，同时，这一切又都是建立在对市场和环境的精准把握上。对此，李书福曾经这样说过："我把邓小平理论学得很通，我拿着《邓小平理论》一天到晚在看，我对来对去，看来看去，要高举邓小平理论的伟大旗帜嘛！认为那些不好的东西，阻碍生产力发展的东西，原先不合理的政策肯定会改，一定会改得很彻底,我们有信心。"

李书福在进行汽车生产的过程中,是闯过"红灯"的,虽然他做到违规但不违法。现今的创业者要想取得事业的成功,需要有敢为人先的魄力和胆识,以及对国家形势和政策的前瞻性把握。唯其如此,才能稳扎稳打,为自己创造切实的财富。

3. 优秀的企业家精神——诚信

讲求诚信行商、树立商誉,对于一个企业家来说有时候要比获得财富更加重要。商人以营利为目的,但是,商誉是其能够获得利润的重要因素。如果没有商誉,做生意不讲诚信,久而久之,企业会面临危机,甚而倒闭。

每个企业主都想和讲信用的企业合作,实现共赢。有崇高商誉的商人即使面临不测的窘境,也会得到合作伙伴的帮助。李书福在资金短缺的情况下,启动"老板工程",靠的是多年经商树立的商誉。众多老板的注资经营,缓解了吉利初期资金短缺的燃眉之急。

4. 善于借势

资金是企业发展的血脉,可以通过向银行贷款、发行债权、上市等方式获得资金。而在吉利,"老板工程"为仅仅拥有1亿资金就试海汽车产业的李书福大大节省了财务成本,为陷入缺乏政府支持,得不到银行贷款的困境的吉利集团带来了希望,创造了仅凭一个亿就撬动汽车帝国的神话。

草根阶层在进行创业之初,资金短缺往往是首要难题。而李书福通过"借鸡生蛋"的巧妙方式,为自己的汽车产业解决了资金问题,其巧妙借势的智慧可见一斑,其融资方式也值得后来的创业者借鉴。

跋涉——征战记

"三无"草根企业的崛起

人在旅途,谁能知道前方有多少条路?

清晨日暮阳光星光为我引路,

春夏秋冬喜欢就永不认输。

擦干泪坚持住,

该受的苦我来受,

该走的路我清楚。

——李书福《人在旅途》

创业之初,必然是荆棘不断。对于"无技术、无市场、无资金"的"三无"草根企业,技术缺乏、市场空白、资金短缺等都是一道道关卡,都有可能扼杀创业于萌芽之中。

要在商业战争中获得制高点,需要兼备精神、谋略、行动。既要百战不殆,又要具备敏锐的洞察力,有勇有谋,将策略付诸行动。

在征战汽车行业的过程中,李书福承受了很多压力。他没有享受到"春风得意马蹄疾"的欢快,更无法让自己有"一日看尽长安花"的潇洒。更多的时候,他像一位孤独的英雄,在汽车行业摸爬滚打,践行着"路漫漫其修远兮"的无奈和艰辛。

选择造汽车,李书福没有足够的资金,同时国内也没有民营企业同行的经验可以借鉴。资金的匮乏,使其不可能引进国外先进的流水线,更难以聘请国外技术专家前来指导。复制与模仿成为当时吉利造车的唯一选择——这或许为很多企业家所不屑,但对于处于初创阶段的企业而言,也不啻为一种生存之道。的确,在法律允许的范围内,复制或模仿成功企业的经验和一些生产成果,可以为创业初期资金短缺、没有先进技术的企业节省很多成本。吉利硬是在钣金工充当汽车设计师、同时模仿天津夏利的情况下,成功下线了第一辆轿车——吉利豪情。

汽车生产出来之后,急需开拓市场。吉利在当时是一家名不见经传的民营企业,知道吉利轿车的人很少,要在短期内得到消费者的认可确实很困难。后进者往往采取低价策略争取消费者,于是,李书福选择了"价格战"。通过"价格战",吉利轿车以迅猛姿态冲入国内市场,搅乱了原来一直处于相安无事状态下的汽车行业。

"价格战"导致汽车行业原本丰厚的利润锐减,却有助于创业之初的企业培育市场,获得消费者的认同。采用"价格战"策略对于吉利来说,实属无奈之举——当时吉利在整个中国汽车行业中处于弱势,要想很快地进入市场,除此之外,别无选择——但也确实为吉利轿车进入市场凿开了一条缝。

然而,吉利轿车的品质问题却一直备受争议。甚至有人调侃道,"如果你要开吉利轿车,就要有一不怕苦,二不怕死的精神"。当时人们一提到吉利轿车,首先想到的就是廉价、低档以及性能等方面的问题。在种种质疑和嘲讽声中，这位在中国第一个敢于生产汽车的民营企业家承受着巨大的压力。

他似乎在艰难的跋涉中变得更加坚强了。在没有技术支持的年代，吉利集团开启了"钣金工时代"，然后又通过低价打开市场，并宣称要造老百姓买得起的好车。一路跋涉下来，显得有些疯狂，有些格格不入，但吉利集团却在壁垒森严的汽车市场上杀出了一条血路。

李书福因此被称为扰乱了汽车市场秩序的一条"鲶鱼"。不知道他是否是迄今为止承受嘲讽最多的中国民营企业家之一，但是，有一点可以肯定，他和他的吉利集团正是在这一片嘲讽与质疑声中一天天壮大起来了。

当企业初具规模、拥有一定的实力之后，李书福不拘泥于现在的发展事态，选择了征战全中国。这既是企业发展的需要，也是增强竞争力、提高产品质量的必然要求。这时，跋涉变得更加艰辛，开篇的这首小诗就是最好的明证。

希望通过创业致富的人们需要做好吃苦的准备，甚至很多时候是孤独地面对战争。在商海打拼犹如一场马拉松比赛，李书福对此深有感触："汽车工业是一场没有终点的马拉松赛跑。跑的人越多，越能提高比赛成绩。"

在这场赛事中，参赛者需要有足够的耐力，不停地鼓励自己向既定的方向前进。显然，李书福就是那个有足够耐力去迎接挑战的人。

案例1·一把榔头敲出来的汽车

在汽车行业跋涉，不是一件简单轻松的事情。草根出生的李书福面临的窘境和磨难，也不是一般人能够应付的。在布满荆棘的曲折之路上，李书福踽踽而行。

在资金不足的情况下，他想尽各种办法筹集资金，甚至把自己浮沉于商海十几年才树立的商誉作为了这个梦想的赌注；暂时拿不到"准生证"，他选择了"借壳生蛋"的迂回之路。

造汽车除了资金和"准生证"的问题外，还有一个难题——没有生产汽车的人才。

21世纪有句口号，人才是第一生产力。而在那个年代，有高技术要求的汽车行业，人才也是生产力。可是，在生产环境简陋、资金不足的情况下，李书福请不来专家，专家也不相信这样一个汽车制造业的"门外汉"能造出汽车来。让很多人大跌眼镜的是，第一辆吉利汽车居然是靠钣金工一榔头一榔头敲出来的。

"吉利汽车工业的发展轨迹与中国其他汽车公司的发展轨迹不太相同。吉利汽车没有优越的条件，没有享受国家任何的特殊保护，当然也没有任何现成的造车基础。但是，吉利有一片自由的天空。"李书福回忆这段造车史时，曾经一字一顿地说道。或许正是拥有了这一片自由的天空，吉利才得以恣意翱翔。

吉利集团的创业史中有这样的记载：李书福准备大刀阔斧地生产汽车时，把原来在吉利摩托车任职的员工名单一一进行了排查，终于发现有三名工程师曾经在汽车厂干过。对于这一发现，李书福喜出望外，而这三名工程师就成了吉利汽车最早的中坚力量。在李书福的鼓励下，他们在那800亩的空地上开始了创业。

当时创业的条件难以想象的艰辛，李书福遇上的种种困难可谓是千重山万重水。但是，他始终坚持自己的梦想，没有放弃，即使"走投无路、头破血流"，也会一门心思地向前冲。拼搏精神在创业初期彰显得淋漓尽致。

敢让钣金工做汽车的设计师，这一大胆的决定只有"疯子"李书福才敢做。面对媒体，他曾经这样表述道：吉利车是一个婴儿，21世纪的汽车婴儿，现在还是踉踉跄跄，刚刚起步，但是这个婴儿有志向。家里很穷，穿着破鞋，背着破书包，几本书可能还是向同学借的，但是他很勤奋地学习，所以他今后有可能成为有用的人……

这个"人穷志坚"的汽车婴儿吉利就在这样的状况下进入了大家的视线。最早下线的汽车是靠着钣金工的榔头敲打成形的。吉利集团迎来了它历史上引以为豪的"钣金工时代"。

李书福在回首这段往事时,也心有余悸地发出这样的感慨:"我们一开始生产汽车时,条件非常简陋。我们没有多少资金去采购先进设备,我们全部靠我们自己的双手,用我们自己的头脑,去设计、制造所有的设备,所以很难和那些专业性很强的、发展了100多年的汽车公司去相提并论。"

不管怎样,钣金工确实敲出了吉利集团的第一辆两厢轿车——"吉利豪情"。

吉利集团内部口口相传的还有这样一个有意思的故事:李书福计划造汽车时,他想造的不是低端车,而是高端汽车——奔驰。1996年,李书福买回来两辆奔驰,回到台州后,他就把这两辆奔驰全拆了。就像当年拆相机、拆冰箱那样,他要把汽车拆了,进行研究,然后再改造出一辆属于自己的汽车来。

两辆价格昂贵的崭新奔驰轿车,就这样上了他的"手术台"。事实胜于雄辩,拆了原车,再从香港买来奔驰的配件,重装,李书福居然造出了自己的"奔驰"。

最后,可能是担心侵权,李书福为这辆自己亲手组装的"奔驰"轿车配了一个玻璃钢的外壳。汽车有一个玻璃钢的外壳,在当时是个稀奇事。为此,李书福还在电视台做过广告,居然真的有人打电话来询问价格。从真正意义上来说,这辆"奔驰"才算得上是吉利集团汽车的鼻祖。

由于是用玻璃钢做的外壳,所以时间不久,这辆"奔驰"的车身和车顶就出现了凹凸不平的现象,而且该车在安全性等方面也存在问题,因此没有通过有关部门的审批。虽然没有造出"奔驰",但是李书福从中认识到,造汽车并没有大家想象中那么困难。李书福也由此改变了造车的策略,放弃了从高端车入手的原定目标,转而向低端车发起进军。

把汽车简化成"摩托车加两个轮子"——李书福对这些艰深复杂问题的简化处理,反而成为正向激励,促使他一步步接近梦想。"初生牛犊不怕虎"的勇气与智慧,奠定了他成功的基石,而李书福也成为"只有偏执狂才能生存"的践行者。

"吉利第一款投入批量生产并面世的车型是模仿天津夏利的豪情,采用的是天津丰田发动机公司为夏利配置的丰田8A发动机。如今,吉利已经成为一个拥有好几个车型的高速成长的汽车公司,我们很难不去问问当初第一款豪情的设计师是谁,回答很简单,钣金工!实际上,由于豪情是手工敲出来的,所以它的图纸是在投入批量生产几年之后才由后来加入吉利的专业人员补齐的。"这是北京大学教授路风对李书福第一款豪情轿车的描述。

李书福最初造豪情的时候,走了一条"拆奔驰、仿夏利"的路线。因此,很多人会说豪情长着夏利的模样、奔驰的前脸,吉利豪情就是一场规模浩大的模仿秀。面对外界的质疑,李书福心中有谱:"没有模仿,就没有进步,我们是站在巨人的肩膀上发展,怎么站得好才是我们关注的问题。"

创业初期的吉利汽车面临着重重困境,进行模仿是节约成本的一个途径。而这样一部由钣金工敲打出来的汽车居然通过了相关审批,可以进行批量生产了。正如路风教授的感慨:"说来也怪,虽然是不符合规范的设计程序,但生产出来的车却还是不错的,而且因为在高速公路上跑得太快,引起了江浙交通警察的注意,豪情果然是豪情万丈。"

李书福当时进行模仿,一是为了降低设计的成本;二是顺应市场的需求。李书福了解当时民众的心理,在整个汽车市场上,大家青睐国际品牌,但同时国际品牌轿车的昂贵价格又让很多人望尘莫及。吉利顺应很多人想买品牌车,但又想低价买入的需求,通过这场华丽的模仿秀,以低价态势,为豪情开辟了一丝生存的空间。

　　创业的过程很艰难，没有一蹴而就的成功。需要每个践行者付出比别人多数倍的努力才可能让梦想照进现实。用榔头敲打汽车的历史已经远去，它记载着吉利创业的艰辛。

案例2·价格战打开市场

　　在汽车界，李书福采用了行业后进者惯常采用的方式——价格战，以此促成吉利第一款汽车——豪情的顺利面世。所谓价格战，是指企业为了占领更多的市场份额，在同类产品市场上采取降价促销的竞争策略。当时国内汽车的定价大多在10万元以上，即使最便宜的天津夏利也高达近9万元，然而，豪情的售价却只有5.8万元。

　　这样低的价格，在当时的中国汽车市场上是从来没有过的。但是，李书福的"疯狂"和偏执就在于拳无招数、牌无章法，他要来一次降价风暴。

　　打价格战是浙江商人的惯用策略。据说，温州人可以通过价格战把欧美的打火机从几十欧元一直降到1欧元的价格，进而占领全球市场70%～80%的份额。李书福耳濡目染，为提高吉利汽车的市场占有额，打价格战对于现阶段的吉利集团是一种最有效的方式。

　　当时汽车业可以用八个字来形容，那就是"暴利可期，布局已成"。于是，李书福的入局无疑是在夹缝中求生存，如果不采用价格战，将很难为豪情以及以后的多款吉利轿车赢得生存空间。

　　1997年，大众甲壳虫在中国的售价是在美国售价的3.36倍，别克在中国的售价是在美国售价的2.36倍，丰田华冠在中国的售价是在美国售价的2.8倍。让人吃惊的暴利意味着汽车行业有着巨大的发展和降价空间。

低价营销遭到了外界的种种非议，一时间天下闻檄而动，纷纷讨伐吉利车，特别是原先生意红火、产品价格坚挺的汽车厂商更对此头痛不已，称李书福为"疯子"，甚至发表"吉利轿车一上高速就熄火"、"吉利汽车的内饰塑料太过粗糙"等负面评论。

2002年，面对记者的采访李书福这样说道："我已经麻木了，我不在乎这些，你对我歧视也行，他对我歧视也行，都可以。我做我的事情，我走我的路，我有我的理想、我的追求。在符合国家政策、法律和做人的基本准则这么一个大前提下，我将一如既往地做我的事情。歧视没有关系，歧视能怎么样？"

老资格的台州商人是这样回忆的："李书福在豪情下线时在本地根本找不到经销商，主要是由李氏兄弟在江浙地区建立的摩托车销售体系在销售。有趣的是，李书福的豪情车没有出现过太多的交通事故，或许是因为吉利在自己研发出发动机之前一直使用的是丰田8A，此类半国产车在稳定性方面还是经得起考验的。"

豪情一出世，就使汽车从价格神坛上跌落到了现实。作为民营企业主的李书福介入汽车制造行业，给中国现有的汽车发展体制和政策带来了强劲有力的冲击，激活了汽车市场。在布局已定的中国汽车市场的竞争中，李书福的战略就是造"中国最便宜的轿车"，这是他的杀手锏，也是当时唯一奏效且务实的战略。

对此，他有自己的观点："一个人一年的收入应该能买两辆汽车，世界所有发达国家都是这么一个水平。国人现在的年收入可以买两辆汽车吗？我认为没有这样的汽车。而事实上，如果把汽车作为普通的交通工具，能够代步，能够真正给你的生活、工作带来方便，我想它的价格应该是你年收入的一半，这是科学的也是合理的。"

李书福如一条"鲶鱼"般游进了汽车行业，由于豪情很多地方是模仿天津夏利，连发动机也和夏利一样,因此,以低价进入市场的豪情对夏利的冲击尤为强劲。为了应战,夏利被迫降价。然而,夏利每降一次价,吉利必应声而降。就这样,4次降价狂潮随之引爆,轿车价格一时间突破4万元的价格瓶颈,奥拓等多款轿车也被迫纷纷降价,价格坚冰在李书福的偏执应对下一时间分崩离析。手中有些钱的消费者因此有了购买汽车的想法,私家车开始在马路上多起来了。

这场价格战打到最后,夏利来了一次高空俯冲"跳水价",把价格定在了3.18万元,李书福毫不示弱,随即将豪情的价格降到2.99万元。此价一出,业界一片寂静。面对这个"疯子"的疯狂举动,业界人士无不咋舌。"偏执狂"的偏执做法令人生畏,但也注定了他能成功。"中国最便宜的轿车"这一称号,在外人看来疯狂,而李书福却很为此自得,并在一次次的价格战中稳稳地把这一称号攥在了自己的手里。

在这场战争中,李书福和他的吉利汽车是孤独的,在原先相安无事的汽车行业中,李书福一套眼花缭乱、没有招数的拳法,任谁也猜不透,甚至被认为是一个笑话。但是,随着一次又一次的降价,这个台州民营汽车主似乎要来一场血拼,随着战争的深入,越发让原来的汽车业巨头感觉胆战心惊。原先虚高的价格和行业潜规则被这个新手一剑挑破,不能不让同行对他白眼相向。

李书福的低价入市,承受着巨大的风险。吉利集团起步之初存在巨大的劣势,没有规模化的效益,资金有限,没有政策的倾斜和银行的贷款,全靠自己投资,这样单台汽车的成本大大提高。吉利豪情配置的发动机是高达1.8万元的丰田8A,除此之外,还有其他配件,虽然设计师是钣金工,但是工人的工资也是在汽车成本之内。核算下来,以4万元以下的价格和1998年吉利几百辆的产量,吉利汽车当时根本没有赚到多少钱,连李书福自己也坦言,一辆车只赚几百块钱。因此,吉利汽车只能寄希望于未来。

由于定价低而导致吉利陷入资金上的艰难处境,记者陈映璇转述过吉利CEO徐刚关于早期李书福状态的一番描述:"李书福起家时没钱没技术,在浙江临海建立起第一个轿车厂,模仿夏利车型开发吉利豪情车。只有等待销售部门的回款收回后才能进行小规模的技术改造。由于长期拖欠当地供应商货款,企业信誉受到影响,吉利汽车在创业之初的几年里很难从银行得到贷款。李书福以自我滚动资金的方式发展到后来的美日轿车,相当吃力。"

尽管吉利汽车在初期遭受了巨大的危机和风险,但是,李书福的果敢行为为吉利集团进入汽车行业占领了先机。

到了1999年,李书福的价格战终于有了回应。相对于天津夏利8万元的售价来说,豪情5万元以下的价位对于普通消费者,有着很大的吸引力。就在这一年,豪情的销售量达到了1000多辆;2000年,销售量蹿升10倍,达到10000辆。

吉利汽车开始在中国市场站稳脚跟,低端市场无疑已成为吉利前行的内在推动力。从低端入手,是李书福通过对中国汽车市场进行深入了解之后做出的选择,也是格局已定的中国车市对吉利汽车的现实要求。让美国成为"轮子上的国家",把美国送入汽车时代的"汽车工业之父"福特就是选择了走汽车平民化的道路。对于一个新入汽车行业的后进者来说,走平民化道路,选择低端市场切入,堪称良策。

李书福运用价格优势,终于冲破了原先固有的汽车产业格局,熬过了风险期,为自己巩固了"中国最便宜的汽车"这一地位,并为急需交通工具的普通消费者提供了切实的便利。

一个白手起家、踉跄起步的民营企业,终于在壁垒森严的汽车行业中为自己打下了一片天地。这其中原因,有吉利汽车性能的不断提升,更加不可或缺的是李书福认准了一件事情就坚持到底的决心,他的偏执智慧终于使吉利汽车在百转千回中进入了市场。

案例3 · 征战全中国

李书福是浙江台州人,他的吉利汽车也是在这里起家的。台州这个地方虽然小,但是适合吉利汽车的早期发展。吉利汽车最初通过价格战进入市场,而价格战获得成功最主要的因素就是控制成本。台州在工资水平和原材料采购上有一定的优势。

台州作为中国模具之乡,那里的模具是欧洲、日本模具价格的 1/10、1/100。这就为吉利豪情车大大降低了成本,从而使低价入市成为可能。虽然豪情低价销售并没有赚到多少钱,但"中国最便宜的汽车"的名头倒是打出来了。

随着销售额的增长,吉利豪情除了拥有早期依靠吉利摩托车在江浙地区建立起来的销售网络之外,省外的经销商也纷至沓来。经销商最关心的是车能不能卖出去,自己能从中获得多少利润,有多少返点,至于是不是进口车,是不是合资企业,他们并不在意。随着吉利低价口碑的相传,山东、江西、宁夏等地的经销商纷纷加入。吉利汽车在中国的销售体系逐渐建立起来。

与此同时,台州的地域劣势也随之变得明显起来了。台州地处浙南偏远地区,很难引来人才,也不容易得到更高一级政府的支持。因此,迈出豪情销售第一步之后,李书福尝试走出台州,为自己选择更为广阔的天地。

1999 年,曾在台州担任过第一任市委书记的黄兴国出任宁波市委书记,这一人事变动为李书福提供了走出台州、进入宁波的机会。当时,宁波北仑正好有一家破产的日资企业,李书福抓住这个机会,高价从日本人手里买下了这个企业空置的300 亩地,建立起吉利集团宁波生产基地。在这里,吉利的第二款车型——美日问世。如果说豪情的低价营销让吉利面临亏损,那么美日的投产让吉利基本达到了收支平衡。

宁波是中国著名的商业城市,为李书福聚集人才、提高汽车生产技术提供了温润土壤。李书福开始造汽车时,无背景,无政府资金的支持,也无技术积累,纯粹是一个草根民营企业家,在外人看来疯狂和不能成事也无可厚非,谁也无法想象这个浑身上下都冒着泥土气息的人能将汽车产业做好、做大。虽然低价让吉利大大地在中国市场上秀了一把,但是,依然很难摆脱"小个子生产企业"的形象。

李书福进入宁波这一商业城市,并在该地拥有了自己的生产基地。如果之前的造车行为在别人看来是一个暴富农民不知天高地厚的激情演绎,那么,此时吉利已经决定征战全中国,展现在人们眼前的是一个民营企业家发展汽车企业的雄心和长足的进展。

2000年,对于吉利是具有分水岭意义的一年。这一年,吉利的第二个生产基地在宁波建立,第二款车型也在这里顺利投产,同时,李书福和罗晓明又在这一年与北京市人民政府签订了在北京成立吉利大学的协议,这为吉利的长远发展储备了人才和技术。

吉利豪情通过低价这一利器为自己撬开了生存的裂缝,接下来的美日以及以后研制成功的优利欧、自由舰、远景、金刚等车型则是要保障吉利在生存的基础上获得营利。对于商人,追逐利润无可厚非。李书福也对此毫不避讳,曾经如实对媒体坦露,他喜欢追逐财富的感觉。

宁波这一城市相较于台州容易吸纳四方人才,李书福在技术人才方面选择了从其他汽车产业"挖人"的策略。到2001年,他先后从天津汽车集团的技术部门为吉利挖来近百人,同时一大批技术工人也先后加盟吉利,这一年吉利在宁波成立了技术中心。

2001年11月,随着中国加入WTO,李书福的吉利汽车也摆脱了多年"黑户"以及"借腹生子"的尴尬境地,终于可以凭借一个崭新的身份堂而皇之地与各个汽车企业一较高下了。同时,更为自己赢得了获取银行贷款的机会。这种忆苦思甜、苦尽甘来的感觉,或许只有李书福能够品味出其中的特殊味道。

此后,吉利向银行贷款2000万元用于发动机生产线的建设。

同时,李书福做出决定,将所有的厂房、土地抵押给宁波一家进出口贸易公司,以向韩国大宇开出信用证,换取韩国大宇集团的生产设备。这一决定让所有同行震惊不已。

面对别人对自己"痴、疯、狂"的评价,李书福自有一番理论:我觉得追求一个理想,肯定要痴、要疯、要狂,否则的话不可能到达理想的彼岸,所以无论人家怎么讲,这个其实不重要,关键是你自己怎么正确地把握未来,怎么能有一个正确的方法去实现自己的理想。为了实现这个理想,为了把握这个未来,该痴的就要痴,该狂的就要狂。不能说:"哎呀,这种方法太痴了,这种方法太狂了,我们就不去实现理想了,我们就不去面对未来了。我觉得这点不正确。"

从大宇引进的设备被安装在宁波北仑生产基地,用来生产自由舰。至此,自由舰的生产工艺终于摆脱了钣金工敲打的历史,李书福在台州生产豪情的那个简陋的、手工作坊式的原始汽车生产车间终于退出了历史舞台。面对新式设备生产出来的汽车,李书福曾经说过:"它(吉利制造的汽车)不再松散了。"

自由舰这款车型让吉利获得了不菲收入,吉利因此很快赎回了抵押的土地和厂房。李书福这种带着几分赌博性质的决策成功了,为吉利的进一步发展注入了新鲜血液。他把这笔赚来的钱继续投入研发变速器,不久,从天津齿轮厂挖来的人才徐斌宽让吉利拥有了手动变速器。

创业过程尽管倾注了汗水和艰辛,但也不乏收获的幸福感。李书福用自己的行为践行着造汽车的幸福历程,面对一款款新车的面世,外界对他的负面评价渐渐改观。台州市委、市政府等四套班子曾登门拜访李书福,为吉利送上了路桥基地。

有了政府的大力支持,李书福的造车之旅如虎添翼。从一开始得不到政府的肯定,到现在路桥基地的顺利建成,其间的种种磨难都变得厚重而有深意。路桥基地的建设费时4年,吉利金刚随之顺利投产。

李书福的哥哥李胥兵和弟弟李书通分别在湖南湘潭和上海创办了"江南奥拓"和"上海杰士达",同样带有浙江民企的草莽色彩。然而时过境迁,小打小闹已经不适于汽车行业,最终两人纷纷退出,由李书福接手。因此,上海、湘潭两地也成为吉利汽车的生产基地。李书福扮演了"匡扶江山"的角色,也为自己的汽车道路不断地开疆阔壤。至此,吉利集团在全国的布局基本上已经形成:宁波基地的自由舰、临海基地的熊猫、路桥基地的金刚、湘潭基地的远景、上海基地的海派华普。然而一路之艰辛跋涉,个中冷暖,只有李书福自知。

本章启示

在成败未知的世界中跋涉,需要勇气和魄力。心中藏着一个美好的愿景,于是逾越一切阻碍前行,笑对或绚烂或暗淡的景致,矢志不渝地向着那个梦中的幻境前进。谁也无法预料前方的风景,谁也不敢妄言妄行,甚至很多时候会战战兢兢,生怕一脚踩在地雷上,将自己炸个粉碎。更加不敢断言成功就在自己这里,当一切努力付诸东流时,又有几个能够擦干眼泪继续跋涉前行?

李书福选择造汽车,最后能造出拥有民营企业自主品牌的汽车,更是难上加难。如果只看到了他现时的成功而激动不已并想让自己践行草根变富翁的神话，那么就要做好吃苦的准备，做好跋涉的准备。首先要让自己拥有一颗强大的、能够经受各种风险与挫折的心，还必须不断地努力再努力。

通过本章案例，我们可以得到以下这些启示：

1. 排除万难，勇往直前

跋涉在创业之路上，各种各样的困难纷至沓来，如果不能战胜这些困难，为理想的未来铺平道路，坚持梦想一门心思地向前冲，成功的彼岸将很难抵达。"今天很残酷，明天更残酷，后天很美好，但是绝大多数人会死在明天晚上，看不到后天的太阳。"马云的这番话值得人们细细体味。我们很容易被眼前的困难遮住对未来前景追寻的目光，很容易死在跋涉的征途上。

谁都希望成功，取得一番事业，但是真正如愿以偿的却是少数。李书福能够实现自己的造车梦，就在于他在困难面前不低头，没有设计师可以先用钣金工，并采用低价策略打开市场，抢占"中国最便宜的车"这一地位，勇往直前，不被困难吓倒。

以低价打开市场之后，李书福并没有停止脚步，而是着眼于长远，开始走出台州，吸引人才，提高技术、工艺。同时，征战全中国的脚步随之展开，在全国几个大城市设立制造基地，把企业做好做大做强。李书福的跋涉历程没有结束，还在继续。

2. 相时而动，由高端梦想转向低端市场

李书福最初的梦想是造奔驰车，走高端路线，但是他最终却选择了从低端市场入手。这是由吉利当时的状况所决定的。资金有限，生产条件很艰苦，没有设计师，没有成套的设备，只能让钣金工来充当设计师，只能用榔头敲打汽车。所以，暂时放弃最初的想法，根据现实合理调整市场战略，是一种智慧。

吉利的市场战略是：先把低端轿车市场做好，然后再进入中级轿车市场；

先把国内市场做好做大,然后再进入国际市场;先迅速为自己积累资本、不断提高自身的研发能力,逐渐形成汽车产业的核心竞争力,最终实现2/3的下线汽车出口的目标,让吉利的汽车走遍全世界。

以上是李书福通过对市场进行了一番深入分析和思考之后,制定出来的关于吉利汽车的战略计划。面对自身存在的劣势,他没有一意孤行,没有坚持走高端汽车路线,而是十分理智地进行分析,做到相时而动,在条件不具备的情况下,做出走低端路线的决策。

他的这一做法值得处于创业初期的人们借鉴。梦想的实现,很多时候不能一步到位,经常会经历一些曲折和迂回。很多人在创业路上遇到障碍,会认为当初的决策失误,尤其是在别人反对的情况下,开始心灰意冷,进而放弃追求。这时,创业者在跋涉的过程中应该适当调整战略,如果既定的方向暂时行不通,那么采取一些迂回之术就很现实、很有必要。暂时隐忍、退却,等待积蓄好能量再放手一搏,这样成功的概率会更高。

3. 创业初期,以企业家个人精神感染人

毛泽东曾经说过:"我们要在战略上藐视敌人,在战术上重视敌人。"虽然这句话出自军事斗争,使用的也是军事术语,但也可以运用到商业领域,李书福深得这句话的精髓。

造汽车能够采用钣金工做设计师,他的决策和无所畏惧的精神令人佩服;而钣金工胆敢接受这一高难度的工作走马上任,看来也是深受李书福的影响。

李书福有关造车不过是"摩托车加两个轮子"之类的著名言论自不必赘述,如果出自一个懵懂小孩的无知言论,那么谁都不会装在心里,更加不会广为流传,正是由于这样的话出自民营企业造车第一人的李书福之口,才让我们窥伺到一些他取得成功的原因所在。在当时条件十分艰苦和简陋的情况下,他没有被困难吓倒,而能发出此般言论,虽然会引来一些人的嘲讽,但也着实给了企业员工信心。

当你能坦然面对困难,并从内心去藐视它们的时候,就会给自己带来力量和战胜它们的信心。

第三章

坚持——扛着吉利的牌子走下去

做强做大不是"迷梦"

当一个人的梦想足够远大，现实是否有嘲笑他（她）的权利？

当李书福提出"让全世界都跑上吉利车"、"产销 200 万辆目标"时，全世界都以为他疯了，以为他在做迷梦。的确，中国有不少企业做过迷梦，然而，迷梦终究是昙花一现的空想主义，会被现实击得粉碎。很多民营企业家期望跻身世界 500 强，把"500 强"当做一个深邃的论题，尤其是在企业风华正茂之时。然而，真正跻身"世界 500 强"行列的民营企业家却少得可怜。在这些企业家那里，"500 强"终究是一场迷梦。

但是，并不是所有企业的远大梦想都是迷梦。这就需要企业家设定的远大梦想必须切合实际，不好高骛远，并能脚踏实地去践行。为了使远大梦想不成为迷梦，企业家在制定目标的时候，除了要有长远目标外，还需要制定短期目标，切不可做以速度规模制胜的信徒。

吉利集团 20 周年庆典上，李书福内心百感交集，那个原先不起眼的小汽车厂居然在不到 10 年的极火淬炼下，奇迹般地生存下来了。并且以一种蓬勃发展之势夺人眼球,走进百姓人家,进而跨出国门,走向世界。

2006 年,随着中国汽车市场的进一步开放和发展,李书福着力打造的吉利品牌已经拥有八大系列、30 多个品种。从一开始强调单一产品特性,依靠价格战打开市场的吉利豪情,到倡导时尚与个性的生活方式的吉利美日、吉利美人豹,再到能够体现吉利自主研发能力的吉利自由舰、吉利金刚,每一步都走得踏实而坚定。从中可以看出李书福对汽车发展战略的转移,他已经由对低端市场的青睐逐步转向对中高档汽车的追求。到 2006 年为止,吉利汽车的出口量在中国自主品牌中已经居于第二位。

从 1997 年开始进入汽车领域,李书福就扛起了吉利这杆民族汽车工业的大旗。他坚持"造老百姓买得起的好车"这一理念,在造车条件艰苦的情况下,吉利汽车采取从低端经济型轿车起步的战略,冲破国有企业和合资企业的重重壁垒,如石缝中的野草一般,生出嫩芽,并不断发展壮大。

吉利汽车 2004 年 1—10 月份的市场销售数据显示,吉利汽车这一年在国外的销售占总销售比例只有 1/10,这距离 2015 年产销达 200 万辆,其中有 2/3 的汽车出口的计划还有很长一段距离。但是李书福在这个数据面前没有丝毫的泄气,他善于安慰自己,也相信通过努力实现目标是指日可待的事情。他的自信和偏执来自于以往的经验,以及这么多年吉利用自己的实力所创造的成果:吉利汽车现在在练内功,这些年的造车实践表明,吉利汽车对于未来已经具有足够的信心,六年之前,谁也不会预料吉利汽车会有今天。

吉利的发展速度之快,令人震惊。如今,吉利汽车已经走上国际舞台,在举世瞩目的法兰克福车展和底特律车展上,与世界各路汽车高手同台竞技,中国民族自主品牌、中国味十足的一款款轿车闪亮登场,向世界展示出吉利这个后起之秀的实力。同时,也向世界发出自豪之声:中国的自主品牌汽车已经出世!

　　现在的吉利,已经不是原先那个生产设备简陋、需要模仿别人的小个子企业,它已经成长起来,开始跨出国门,并设立了一个远大的梦想——让吉利轿车跑遍全世界。此时,李书福所追寻的梦想已经不仅仅是汽车业的巨额利润,激励和催促他将吉利的牌子扛下去的还有一种民族的自豪感。

案例1·200万辆目标背后

　　企业在发展的过程中,需要根据实际设定长期目标和短期目标。长期目标,是指企业在追求其宗旨的过程中希望达到的预期结果,这些预期的结果是明确的、具体的并可测量的,企业要想成功地完成使命或任务,就必须实现这些结果。短期目标,是指企业管理者为达到长期目标而做出的绩效目标,时间跨度往往不超过一年;短期目标需要建立在对企业长期目标的深入评估上,根据评估结果排列各项目标的轻重缓急次序及确定需要优先考虑的领域,从而达到短期目标为长期目标服务的目的。同时,长、短期目标需要随企业的进展不断做出调整和改进。

　　吉利集团20周年庆典盛宴上,吉利集团董事长李书福为吉利做了一个十年规划:到2015年,将实现产销200万辆,其中2/3出口,在国际市场份额将达到2.5%。在他看来,20万辆汽车只能算是一个工厂的规模,只有200万辆才是一个汽车公司的规模。计划实现年产200万辆汽车这一远大目标,其实早在2002年吉利总部搬迁到杭州时,就已经开始谋划制定了。

　　2002年7月,李书福为吉利设计了代号为骏马、猎豹和雄狮的三部曲规划:2005年吉利轿车产销量要达到30万辆,2010年产销量达到100万辆,2015年产销量达到200万辆。也就是说,吉利到2015年将成为一个年产量达到200万辆的国际化大汽车公司。

三部曲规划和十年规划异曲同工,不过三部曲规划是长、短期目标的结合。企业要想实现长远的发展,需要把长远规划细分成多个短期规划,一步步推进,做到稳扎稳打。尽管吉利把200万辆目标分成三步实现,但是在旁人看来仍显得不切实际。制订三部曲规划时,吉利汽车取得生产资格证还不满一年,刚步入正轨就预计2015年实现年产200万辆的目标,很多人觉得李书福不自量力,甚至冠以他"疯子"等称号。但是他的目标和计划没有因为这些言论而动摇,20周年庆典上200万辆目标的重申,就是力证。

李书福认为,200万辆目标并非信口开河,这一目标具有深厚理论根据。在吉利一次内部会议上,他告诫同僚:"从世界汽车的发展经验来看,年销售200万辆是一个汽车公司的生存底线。这是汽车产业发展的客观规律,我们也不会例外。吉利一定要抓住有利时机,加快发展,否则,一切努力都会前功尽弃!"他通过对世界汽车工业史的研究发现,1990年末期,出现了戴姆勒—奔驰与克莱斯勒这两家国际著名汽车业巨头的合并事件,最后生存下来的基本上是年产量在200万辆以上的公司。因此,李书福做出"200万辆是汽车公司生命线"的判断,并且预测在未来10年左右的时间里,竞争激烈的中国汽车市场乃至全球汽车市场,会迎来一次重新整合的命运。为了生存,吉利必须进入"200万辆俱乐部"。

但是事实并非尽如人愿,吉利的生产能力还有待提高,或者说,李书福的200万辆目标就当时吉利的技术和生产能力来说,实现起来确实很困难。

对企业而言,长期目标必须有助于任务的完成,需要做到清晰无误、简明扼要;如果有必要,还需做到定量化,且足够详尽,以便企业成员都能清楚地理解和把握。同时,目标应当是动态的,如果环境条件发生变化,目标也需被重新评价。吉利

2015年的200万辆目标能否达到,当时业界人士及吉利员工大多数持怀疑态度。据有关数据显示,2005年吉利共销售各类轿车将近15万辆,这个数字仅仅达到当年计划量的一半。但是,李书福仍然没有放弃这一目标,依然为此做着积极的准备,并根据需要对吉利的政策进行了一些动态调整。

其中,产品结构调整是李书福实现未来战略的重要利刃。2003年年底上市的吉利美人豹,为吉利产品结构调整拉开了序幕。自2005年起,吉利在这方面的调整明显加快了速度,先后推出配备1.3L、1.5L、1.6L发动机的吉利自由舰,以及旗下上海华普生产的排量为1.8L的海域305等中档车型。

2005年9月13日的法兰克福车展上,吉利集团推出的5款新车型基本代表着吉利未来的产品格局,一次性颠覆了人们对吉利一贯经营低档型轿车的印象。

同年10月20日,吉利集团常务副总裁杨健在杭州西博会车展上就吉利的十年规划作了初步说明,他从产品结构和市场拓展等方面为人们描述了吉利进军年产200万辆目标的"路线图":吉利不会永远只做低端的经济型轿车。我们的中档车、高档车以及特色车正在陆续推出,在吉利未来的产品结构中,中档车、高档车、特色车将占有40%~50%的比例。这是吉利集团有史以来第一次如此详尽地向外界公布产品结构的比例。

实现产品结构调整,从低档车型向中高档车型转换,这被外界看做李书福是"盲目自信"的又一例证。但同时也被李书福用作实现吉利200万辆销售目标的坚实后盾。实现这一目标,除了吉利员工外,外界几乎没有人会相信。

为了实现这一目标,李书福已经开始深入县级市,在这些地区大规模铺设销售网点,并计划用5年的时间覆盖70%的县级城市。同时,为了提升品牌,摆脱人们对吉利为低端产品的固有认识,在这些新开辟的市场上吉利不会销售如豪情、美日等老款低端车型,而是以新款车型为主,以便在首次购车的用户中为吉利树立一个高端品牌的形象。

2015 年要实现产销 200 万辆，产品结构不仅要转型，同时开拓海外市场也被提上议事日程。

2005 年 5 月 30 日，在马来西亚吉隆坡国会大厦，吉利汽车控股集团和 IGC 集团就整车项目及 CKD 项目正式签约。吉利汽车计划 2006 年向马来西亚出口 1 万辆整车和 3 万辆成套散件，在马来西亚建厂除了能满足吉利对马来西亚的出口外，更为重要的是，吉利汽车将有望进军整个东盟市场。

然而，事情的发展并非一帆风顺。吉利在马来西亚的项目出现了一些变化，由于马来西亚搞贸易保护和不正当竞争，单方面否定了合同，这一做法明显违反了合同的精神和世界贸易组织的规则。面对在马来西亚建厂的风波，李书福在接受记者采访时表示："企业在发展过程中一定会有困难和问题，我们不会因为这样的困难和问题就改变整个大的目标。认定一个方向，坚定一个信念，凝聚一股力量，提炼一种精神，完成一个使命，总的理念是不会改变的。马来西亚这件事情虽然对我们整个国际化进程有一点影响，但是不会改变我们整个大局，退一万步讲，就是马来西亚这个事情不成，我们还可以到东南亚其他国家，不是说非去马来西亚不可……"

在马来西亚建厂关系到中马两个国家的形象问题，李书福认为马来西亚应该秉承真诚合作的精神，尊重两个公司所付出的努力和合同的严肃性。他坚信问题可以解决，通过沟通、协调，以及向商务部和全国人大反映、汇报、请示，寻找解决的办法。

2005 年还有一件事情值得纪念，那就是 6 月 21 日，吉利汽车控股有限公司与香港生产力促进局正式签署在香港合作开发新型轿车体系并带动有关零部件开发项目的合作备忘录。这也为实现 200 万辆的目标奠定了更坚实的技术基础。

要实现 200 万辆的目标，除了产品结构需要转型和开拓海外市场外，人力、物力等各方面都需要进一步增强。200 万辆的规模至少需要 20 万员工,这么多员工的吃、住在哪里?如何吸引具有先进技术水平的人才到吉利来?这是李书福需要认真考虑的问题。路桥、临海、宁波、上海这些生产基地最多只能生产 10 万辆汽车,而且东部地区的生产成本会越来越高,将很难实现容纳 20 万人、生产 200 万辆的目标。对于人才,吉利目前有两条路可以走:一方面自己培养;另一方面需要建好平台,吸引有能力、有技术的人才加盟。

一贯特立独行、善于一鸣惊人的李书福,继马来西亚建厂,与香港生产力促进局合作开发新车,再到参加法兰克福车展这一桩桩重大举措之后,又有一个大手笔。2006 年,吉利连出重手,在甘肃兰州、湖南湘潭各设立一个生产基地,并规划两地均为年产 10 万辆,与吉利实现"产品同步开发、同步生产、同步销售"。这是为 2015 年实现产销 200 万辆迈出的坚实一步。

兰州和湘潭这两个基地和李书福以前在东部地区建立的汽车生产基地不一样,这两个基地是他主动规划的。李书福认为,这样全新的、没有丝毫固有观念和格局羁绊的生产基地,才能自由地对新增产品进行规划布局,建成他理想中的吉利。吉利的优势在于多个生产基地一起运行,这样比集中滚动一个庞大的企业要简单很多。

2010 年,吉利成功收购沃尔沃,这一年吉利全球销量近 80 万辆,虽然这个数字离李书福既定的 100 万辆还差 20 万辆,但已经不再遥不可及了。

为了实现 2015 年 200 万辆的全球销售目标,李书福曾向外界公布,吉利已经规划好了 5 大技术平台和 15 个产品平台的 40 款车型。只要这些车型每款每年能够实现 5 万辆以上的销售额,吉利在 2015 年实现 200 万辆的年销售量将无担忧。对此,我们唯有祝福。

案例 2·"让全世界都跑上吉利车"

问：您是中国最年轻的亿万富豪之一，但是今天始终保持着穿工作服、在食堂和大伙儿一起吃饭这个习惯，生活上没有太多追求，但对公益事业却一掷千金。您觉得这是一个真实的写照吗？

答：这个是真实的。我在生活上没有什么大的追求，这个确实。因为人不能追求太多，我们已经有了"造老百姓买得起的好车，让中国汽车走遍全世界"，这么一个大的追求了，不能再奢望其他追求了。

问：很多富豪会去选择打高尔夫球，买别墅，哪里旅游，这些跟您的生活还离得很远吗？

答：高尔夫我当然不会打；旅游嘛，我们本来就到处走，这也算是旅游了吧。其他生活上的东西不是我的理想。

问：您的理想是？

答：我的理想就是造老百姓买得起的好车，让吉利汽车走遍全世界，或者说让中国汽车走遍全世界，这是我的理想。

问：您是一个为汽车痴狂的类型呢？还是说因为我的汽车跑遍全世界，所以我能赚到很多钱啊？

答：我不是为赚钱而跑遍全世界，而是为跑遍全世界而赚钱；不是为赚钱而去做这些理想，而是为理想而赚钱。就是这样的一个关系。当你要去实现这种理想的时候，必须要有好的经济效益，这是最基本的。如果说这个企业不赚钱，天天在亏损，不可能实现我们的理想。所以这是为实现理想而去追求比较好的经济效益。

以上是 2006 年财经节目主持人叶蓉在《财富人生》中采访李书福时的一段问

答对话。

"让全世界都跑上吉利车"是李书福的理想，这一理想不是口号，需要艰辛探索、积蓄能量、扩展眼界、痛苦隐忍、顺势喷发以及长期的准备。同时，和谐稳定的外部环境也是至关重要的，需要国家政策的大力支持，更离不开吉利人上下同心协力的合作。

2005 年 9 月 13 日，让成千上万爱车者期待的第 61 届法兰克福车展在德国如期举行。令人震惊的是，五星红旗的"升旗手"不是中国的知名汽车大企业，而是一个进入汽车业没几年、在世界汽车工业行列中毫不起眼的草根企业——浙江吉利控股集团。法兰克福车展又迎来了一匹黑马。

法兰克福车展创办于 1897 年，是世界上最早举办、同时也是世界上规模最大的国际车展，素有世界汽车工业"奥运会"的美誉，每两年举办一次。在 2005 年之前，中国汽车工业的发展史虽然已经历时 50 多年之久，但是具有中国自主品牌的汽车从来都没有参加过世界级汽车展。进展的台阶之高有目共睹，这样的车展不是掏钱就可以亮相的，很多国际知名汽车公司曾经都只能几过其门而不入。

然而，吉利，这个进入汽车行业不过 8 年时间的民营企业，却在 2005 年代表中国成为法兰克福车展上五星红旗的"升旗手"，成为唯一一家参展的中国企业。这不禁会引来很多人的疑问：吉利汽车凭什么能够实现中国汽车企业进入国际顶级车展"零"的突破？

法兰克福车展这一盛会是吉利汽车践行国际化战略的有益尝试。这一成功尝试"天时地利人和"兼备——李书福带领吉利人做出的努力、政府的政策鼓励以及社会舆论对中国汽车"走出去"的呼吁。吉利集团副总裁杨健对此有一番精深的总结，他认为这是因为吉利汽车具备了四大条件，分别是：自主品牌；已经成功进入国际市场；拥有自主产权、拥有自主研发能力；拥有自己的核心竞争力。

经过近 8 年时间的历练,吉利已经成长为拥有宁波、上海、台州、临海等几大生产基地的集团化公司,早已告别了创业初期的简陋生产设备和钣金工敲打汽车的时代。如今焕然一新的是一个个现代化轿车总装厂,冲压线、焊接线、涂装线、总装线一点也不逊于在中国建厂的跨国公司。不仅硬件如此,软件也迅猛发展。以前在国有汽车大企业工作的科技人员纷纷加盟吉利,很多成为吉利的主力军。

吉利汽车的海外销售从 2003 年起就拉开了帷幕,到 2004 年其出口整车已经达到 5000 辆,占我国轿车整车出口总量的 63.7%,囊括吉利集团旗下的豪情、美日、华普、美人豹跑车等在国内生产的所有车型。吉利轿车的海外销售之路快捷而迅猛,李书福瞄准国际市场这块大蛋糕,有将其生吞入口的决心。将企业做好、做强、做大,是绝大多数企业主梦寐以求的结果,李书福对心中目标的执著追求和践行脚步的稳健,有力地诠释了这一梦想。

"温州打火机让全世界打火机厂关门了,我们要像卖温州打火机一样,让吉利车走向全世界。"李书福的豪言壮语是建立在事实基础上的——到 2005 年,吉利汽车的海外销售量已经达到 7000 多辆,产品出口 34 个国家,遍布中东、南非、北非、南美洲和中南美洲。可见,他的狂气拥有厚重的底气,这种底气自然离不开对企业政策、计划的周全制订与执行。

对于李书福和他的吉利汽车,这次法兰克福之行,既是一次对自身自主研发品牌实力的海外大阅兵,更是实现"让全世界都跑上吉利车"这一梦想的重要一步,也是把吉利汽车推向国际市场的跳板。

法兰克福车展对于吉利汽车是一个契机,获得参展资格是国际市场对吉利自主品牌的初步认同。当《环球》记者问及李书福参加法兰克福车展的目的时,他表示:一是展示中国汽车工业的形象,一直以来,世界汽车界都以为中国没有自己的汽车工业,参展是吉利的责任和义务;二是向世界证明中国人造车不是简单的模仿,吉利汽车有一系列自主研发的品牌,希望通过车展来提高吉利汽车的国际知名度和影响力;三是希望通过参加车展来了解世界汽车业的发展趋势,了解国际同行对吉利汽车的看法和评价;四是希望通过这次国际顶级车展为以后的类似车展积累经验。

李书福有两个理想:一是"造老百姓买得起的好车";二是"让吉利汽车走遍全世界"。第一个理想在中国汽车市场上已经取得初步成果,他的第二个理想更为宏大,正在付诸实施。

为了"让全世界都跑上吉利车",吉利为进军国际市场制定了三步走的策略:第一步,向北非、中东、中南美洲等发展中国家出口吉利汽车,这一步主要在于熟悉市场,锻炼队伍,为吉利日后在国际市场的发展奠定良好的基础;第二步,吉利将出口步伐迈向东欧、俄罗斯、东南亚等国家和地区,除此之外,还将进行 CKD 组装的实验;第三步,吉利将冲进欧洲和美国,它们是汽车产业的发源地、全球最大的汽车市场,同时也是汽车工业发展水平最高、竞争最激烈的地区。

开拓国际市场,不可能一蹴而就,需要按照"三步走"策略,一步一步去实现。这是一个漫长的过程,走过这个过程的丰田用了大概 40 年的时间,现代汽车也耗时 25 年,吉利于 2005 年参加法兰克福车展时,才刚刚从第一步迈向第二步。

吉利的国际化战略仍在不断推进,成果丰硕。

2006 年 10 月 24 日,李书福代表吉利汽车控股有限集团在香港上市的公司——上海华普,与英国锰铜控股公司正式签署合资生产名牌出租车的协议。虽然此次合作是以参股形式,而非收购,但这是吉利向海外迈出的重大一步。12 月,吉利签署海外第一个 SKD 组装项目——俄罗斯项目,这一项目的启动,意味着吉利海外扩张战略终于破冰。

2007 年,吉利在尼日利亚上市的自由舰和金刚,市场反应较为热烈,投放市场的近千台吉利汽车被一抢而空。2007年年底,吉利与俄罗斯罗里夫公司签订了价值15亿美元的整车供货合同;同时,吉利还在继续加大与俄罗斯另一汽车公司因科姆公司的汽车组装合作。

2008年8月,吉利宣布投资2.7亿美元在墨西哥建立汽车组装工厂,并以汽车厂为核心,吉利还将投资2.3亿美元建造一座工业园。

……

2010年,吉利成功并购沃尔沃,一举登上国际舞台,其国际化进程进一步深化。李书福的"让全世界都跑上吉利车"的理想在一步步地走进现实。企业要实现国际化,除了要不断开拓海外市场之外,还需要入乡随俗,生产的产品要符合当地消费者的需求。吉利车要跑遍全世界,在遵循"三步走"策略的同时,还必须深入考察海外市场,做到因地制宜。

案例3·造车不仅为利润

对于企业家来说,其最重要的素质首先是社会责任感。企业家有了社会责任感,其所经营的企业才会在具备社会属性之后具有强大的生命力,并在持续发展中成为长久发展的企业。一个没有社会责任感的企业只能靠短暂的机遇暂时获利,一旦机遇不再,企业将停滞不前甚至倒闭。很多民营企业昙花一现,就在于企业家缺乏社会责任感。

如果说李书福从一开始选择汽车行业是他用商人的独特嗅觉闻到了这个行业潜藏的巨额利润,那么当他踏足这个领地开始排除万难,深扎猛打,为自己在中国车市斩获立足之地,进而开拓海外市场,甚至代表中国参加国际顶级车展的时候,利润已经不是唯一的目的。这时,他身上的社会责任感更为强烈。

在一贯奉行为人处世要低调、中庸的中国企业家行列中，李书福显得与众不同。他的张狂和偏执经常招致外界的批评和嘲讽，但他依旧是一副"走自己的路，让别人去说吧"的姿态。他对汽车产业坚持不懈地追逐，从某种意义上展现出他希望发展中国民族汽车产业，以及对中国自主品牌的救赎情结。

吉利上下员工通过20多年的奋发图强，给"吉利"这个名词赋予了许多新的特殊含义。在德国的法兰克福车展上，"吉利"一词曾等同于"中国"，"吉利汽车"曾等同于"中国汽车"。这时，"吉利"已经超出一个汽车的品牌，成为中华民族的骄傲。对此，李书福激动不已："我们带去的是中国人自己的知识产权，是真正的中国自主创新的汽车工业，我们觉得很荣幸，很自豪。"

这种自豪感来自于企业家的社会责任感，包括企业家固有的生活观、财富观以及幸福观。

李书福身价上亿，生活上却一直保持着简朴和随遇而安。一名记者采访他时，对他平民式的生活习惯印象深刻，在媒体上撰文道："很难想象身家数亿，经常在世界各国飞来飞去的集团老总会是这样一个节俭的人。浙商生产的皮鞋，绣着英文'吉利'的工作服，和员工一起在食堂用餐，李书福彻底颠覆了传统亿万富翁的形象。"

李书福崇尚节俭，甚至节俭到"锱铢必较"的程度。"吉利精神"的条文中有这样明确的记载："在吉利，哪怕是最不起眼的开源节流、节俭办事举动，也会受到推崇和表彰，任何铺张浪费、奢侈炫耀的行为，都是一种犯罪。"

他在生活和事业上毫不追求奢华，甚至有些吝啬，但是面对一些地区教育资金的短缺和贫困学生的辍学，却慷慨解囊，2006年他因此获得"中国十大慈善家"的称号。

面对与日俱增的财富，李书福并没有因此改变生活习性，他没有像很多有钱人那样享受奢华的人生，依然坚守平民式的生活，并以此为幸福。当别人问到他对于财富的目标时,他的回答是,没有。

他曾表述过自己的两点财富观:其一,他认为钱是挣出来的,这个道理在他很小开始挣钱时就明白了;其二,他认为挣钱不是唯一的目的,挣钱是为了实现理想,完成个人意志的表达。正如他所言:我的个人意志就是造老百姓买得起的好车,让吉利汽车走遍全世界!

"钱是挣出来的"这一观点,通过李书福先后转战多个行业,不断为自己蓄积财富就能得以验证。至于他对"挣钱是完成个人意志"这一层面的认识,则是指引他在汽车业不断向上攀登的更为有力的精神武器。

精神的力量是无穷的,"心弱则志衰,志衰则不达",要想开创一番事业,获得成功,离不开心志、追求和精神。在问及当他的财富累计到一定等量级,对其最大的改变时,李书福表示:"财富对我最大的改变?那是一种责任,怎么更好地使用,更好地发挥它的作用,对这个社会,对这个行业,对这个世界怎么能够起到好的模范带头作用,起到一种好的方向性的作用,这个很重要。"

正是这种社会责任感,才会使企业家具有不同于常人的战略眼光,并能准确地把握企业所处的环境和全局,敏锐察觉潜在的市场机会,做到运筹帷幄,先人一步行动。企业家的社会责任感主要表现在对国家、社会、企业、员工和个人不同利益的正确理解上,李书福的生活观、财富观时时处处体现着他强烈的社会责任感。

当一个人把自己追求的梦想升格为由此带来的民族自豪感时,他的行为已经超越了把金钱和利润视为圭臬的层面,而是为企业的发展负载了一份厚重的社会责任感。在"方劫与汽车工业座谈会"上,李书福曾表示:"作为汽车工业来讲,对我们国家,对我们民族,对中国经济的各个方面,起到的关联实在是太大了。在这个领域里,我们一定要进一步地奋斗下去,一定要做成一点事。"

外国的汽车产业在中国已经完成产业布局,给我国的民族汽车工业留下的空间十分有限,如果中国企业再不抓紧发展,将很难赶上世界同行,中国汽车工作将面临长期的边缘化。李书福期望改变这样的格局,因此,他肩负起振兴民族汽车业的使命。

在一次关于吉利的国家级研讨会上,人们对吉利做出这样的评价:"吉利发展到今天,已经不仅仅是吉利人的吉利,而是中国的吉利,也是世界的吉利。吉利的成长过程,凝结着中华民族自强不息的精神力量,吉利的发展过程,反映了中国制造业从大变强的无比艰辛;吉利的壮大过程,必将为中国亿万百姓带来无尽的福音。一个拥有 13 多亿人口的发展中大国,要想自立于世界民族之林,不能没有像吉利一样的灵魂,不能没有像吉利一样的脊梁!"

吉利汽车在参加了法兰克福车展和底特律车展之后,海内外舆论一致看好吉利走向全世界。美国哥伦比亚电视台一位记者指着吉利自由舰兴奋地介绍道:电视机前的观众们,这辆来自中国的汽车没有天窗,也没有豪华的装饰,无论你们喜欢还是不喜欢,无论你们同意还是不同意,这就是汽车的未来!

拥有自主知识产权的汽车品牌在国际车市受到欢迎,美国有媒体这样认为,像吉利这样的中国汽车企业迟早会成长为像日韩汽车那样的"洪水猛兽"。

吉利代表中国自主品牌的汽车企业已经悄然崛起,已在国际顶级车市取得了一席之地。李书福的汽车之旅已经超越了对利润的疯狂追求,多了一种对民族企业救赎的情结和企业家的社会责任感,更加任重道远。

成为亿万富翁后,有人问他幸福不幸福,他淡然应答:"幸福与不幸福,不能用钱来衡量。有钱并不一定幸福,你今天发愁怕被人家偷了,明天又担心这个钱来路是不是有问题,后天又考虑这个钱怎么花。你整天发愁,一点都不会幸福!我感到幸福,不是因为有钱,而是因为我的理想正在一点一点变成现实。"

本章启示

"立志不坚,终不济事。"创业者倘若没有坚定的信念做支撑,即使一时取得成就,也终是镜花水月,转瞬即逝,无法到达理想的顶峰。因此,将一项事业坚持到底的精神十分可贵,这也是成功者必备的品质。很多人会选择创业,但是最终坚持下来、获得成功的只是少数。

显然,李书福是幸运的,因为很多人在创业的路上败下阵来,还有一些人取得一点小成就后便选择了退出。在这条路上,这个偏执狂走得步履坚定,他的财富如同滚雪球般越来越大,心中的理想也渐趋明朗远大。

罗曼·罗兰的忠告是:生活是一场艰苦的斗争,永远不能休息一下,要不然,你一寸一尺苦苦挣来的,就可能在一刹那间前功尽弃。李书福从1997年一脚踏入汽车领域,到2006年已经走过将近10年的历程。在这10年的时间里,吉利汽车由原先那个不起眼的小企业进行了一次次脱胎换骨式的转变。在这个过程中,李书福从来没有停歇过,吉利也没有驻足过。一个个目标的实现,一个个新的目标的订立,然后再实现,再订立……如今,吉利已经走出国门,进入全球市场,成为一支独特的中国新生力量。

通过本章案例,我们可以得到以下启示:

1. 企业家要有社会责任

企业是一个社会性企业,也是社会发展中的关键链条,企业在学会自我生存和良性发展的同时,更要增强社会责任感。企业家作为企业的管理者,自然要对社会承担一定的责任。

李书福有一个理想——让全世界都跑上吉利车,实现这一理想,是吉利的荣耀,也是民族企业的荣耀、中国的荣耀。

李书福造汽车已经不仅仅是为了利润。从吉利长期发展运作来看,李书福一直都注重民族企业的自主创新性,这时他肩上有了一份沉甸甸的社会责任感。

这份社会责任感是一种来自精神层面的力量,可以指引企业家在穷途末路时抱有信念,在灾难面前不放弃希望。李书福在造车路上决心高举民族旗帜的观念,是激励他将吉利不断做大做强的有力精神武器。这一强烈的民族自豪感给了他继续跋涉,坚持让吉利汽车走遍全世界的信心和勇气。企业家在创业的道路上需要为自己灌注一种精神的力量,这样在困难面前才能走得更加坚定。

2. 站在现实的角度制定决策

李书福在 2006 年的十年规划中为吉利制定了 2015 年实现年产 200 万辆汽车,并将 2/3 销往国外的宏伟目标。业界对李书福做出的这个规划颇具怀疑,但是,他坚持将这一决策贯彻始终,并且声明这一决策是以现实为依据制定出来的。

"全世界汽车总销量为 5500 万辆至 6000 万辆,作为汽车行业来讲,尤其是轿车行业,不能低于 200 万辆,否则很难生存下去。当然,像奔驰、宝马这样的汽车,很特殊,可以不一样。"

制定 2/3 销往国外的决策,也有依据。

李书福认为,我国汽车的年销量约为 700 万～1000 万辆,几乎都是乘用车,不包括大卡车,所以吉利所占的市场份额达到 7%～10% 这个比例就已经很高了。按此比例,我们的年销量约为 70 万辆,总而言之不可能超过 100 万辆,这个是规律,要想突破也是不太可能的。

那么还有 100 万辆怎么办呢? 因此就有了 2/3 销往国外的决策。对此,他作出进一步解释:"中国以外的市场销量约为 5000 万～5500 万辆,我们占 2%～2.5%的份额,这个份额相当于 100 万～130 万辆。我们的账就是这么算的,所以为什么要让吉利汽车跑遍全世界? 为什么提出 200 万辆? 为什么 2/3 的产品需出口海外市场? 为什么要在海外建工厂直接销售海外市场? 这都是研究世界汽车工业的规律以后所作出的决策。"

从现实的角度看,依照规律制定目标和决策,才能做到稳扎稳打,才更加具有科学性、可行性。因此,在我们做出一个决策时,不要跟风,不能盲目行动。肆意好大喜功,制定不切实际的决策,可能会带来头破血流的恶果。

第二篇
固执的管理者：
有效的管理就是最好的管理

一只狼能领导一群羊打败一只羊领导的一群狼。

——管理学界名言

　　企业要想长足地发展,离不开企业管理者手中那套科学规范的管理模式。李书福不仅是一位成功的创业者,还是一位卓越的管理者。管理是一门学问,离不开情感的维系与科学规范的管理方式。健康的企业内部管理是生产力发展的积极要素,相反,无序的管理使得整个企业的运行缓慢而混乱。

　　举例来说,戴尔公司的成功除了其直销模式、按单定制等成功要素之外,很大程度上取决于高效率的内部管理。戴尔十分注重对其内部人力、资金、采购、生产、流通和信息沟通等要素的优化,正因为如此,有效地节约了内部成本,工作效率、企业效益也随之提升。

　　在企业中,人性化的管理,可以让员工感受到企业大家庭的和谐氛围;实施军事化执行则能很好地让企业制度得以贯彻落实。"三链协同"、"5S 管理"和"全矩阵式"的项目管理方式是李书福对吉利内部管理的具体措施,这些管理模式十分具体,也十分有效,是吉利实施内部管理的特色。

除此之外，李书福还十分注重对吉利品牌的管理，他一扫创业初期靠价格战打开市场的局面，把性价合一提到重要位置。摆脱低端竞争态势，向高端发展，这是一个企业向上发展的必然途径。同时，注重品牌创新，走出一条"中国制造"的道路，更是吉利品牌管理的核心内容。

《品牌战：全球化留给中国最后的机会》一书中这样写道：全球化造就了品牌经济时代。一个成功品牌往往是任何有形资产所不能比拟的。现代化经营管理的核心已经从纯粹的实体经营转移到品牌经营上了。

品牌是一种名称、名词、标记、符号、设计，或是它们的组合运用，以便区别某个销售者或某销售群的产品或劳务，并使之同竞争对手的品牌区分开来。因而，品牌既是企业的标志和根基，也是企业出奇制胜、战胜对手、争夺市场的强大武器，实行品牌管理至关重要。

李书福对吉利的管理，除了对内部管理和品牌管理的方式很有特色之外，对人才管理的模式也值得企业管理者借鉴。

对于人才而言，"世有伯乐，然后有千里马"，他们在工作岗位上，都期望遇上伯乐，得到领导的赏识，受到重用；很多人因为没有得到应有的待遇而慨叹，怪领导不识"才"。对于企业而言，企业要想发展壮大，就必须做到重视人才，以人为本，要懂得发现人才、培养人才、吸引人才和留住人才。同时，还要为人才提供一个施展个人特长的环境，调动人才的创造性和积极性，从而最大限度地激发他们的潜能。

在吉利，李书福对人才的疯狂又彰显其偏执本性。他秉着"用人不疑，疑人不用"的原则，扮演伯乐的角色，不惜三顾茅庐，为吉利网罗了大批人才。说他偏执也好，说他倔强也罢，他一心想要打造一个吉利的人才宝库。

因此,他一方面建立自己的大学,为吉利源源不断地培养后续人才;另一方面,则凭借自身的人格魅力和吉利这份民族事业,广纳了大批外来人才,这些"空降兵"也为吉利走向国际舞台、成功实现多次海外并购作出了卓著的贡献。

伯乐的力量是巨大的,"世有伯乐,然后有千里马"。李书福这个伯乐为吉利培养和吸纳了大批"千里马",也为企业的发展提供了不竭的原动力。

李书福对吉利的管理模式并不高深,但却卓有成效。有效的管理才是好的管理,因此,这些管理模式值得创业者和企业管理者思考与学习。

第四章

"管理人性化，执行军事化"——吉利内部管理

偏执的内部管理真经

企业内部管理是推动企业健康发展的引擎，处于企业管理各要素的核心位置，在企业的一切管理中扮演着重要的角色，因此，受到企业管理者的高度重视。一个优秀的企业家，必然是一个卓越的管理者。在此领域，李书福的偏执表现为：人性化神经管理，军事化高效执行，此即吉利企业内部管理准则。

人性化，就是要求企业内部实现责、权、利的统一。一方面，员工的利益要与贡献有所挂钩；另一方面，如果出现差错就要受到处罚，同时处罚要体现人性化。总而言之，就是要把企业大家庭的氛围调动起来，让大家在工作中同心协力。军事化，就是要求把企业内部制定的决策、制度作为企业建设和前进的方向。

现代企业管理的一个共同理念就是把人性化作为基本前提，所谓人性化管理，是指在整个企业的管理过程中要充分注重员工的人性化要素，把充分开掘人的潜能作为己任的一种管理模式。人性化管理是按照人性的基本属性进行企业管理的哲学，它要求做到对人尊重，给予充足的物质和精神奖励，为其提供

各种成长和发展的机会,并为其制订职业生涯规划,实现企业与个人的双赢等。为此,需要对人性有所了解。

在市场经济条件下,经营成果不会从天而降,企业与企业之间的竞争从来都没有停止过,在这一场场较量中,很多企业都会面对不进则退的残酷现实,甚至遭受倒闭破产的恶果。因此,要想在企业竞争中取得胜利,企业内部管理必须先行。调动每个员工的积极性,激发大家的奉献精神和创造精神,然后通过有机的组织体系把这些精神聚集为团队合力,参与到市场竞争中去,这是人性化管理另一层面的内容。

对此,李书福阐述道:所谓人性化神经管理,其实质就是人性化管理的两个方面,或者说人性化管理的两个层次:既要让吉利的每一位员工、干部都充分感受到吉利大家庭的温暖,感受到真实人性的关爱;又要让大家清楚地认识到游戏规则的刚性与无情,从而保证吉利的每一位员工、干部的工作都能自觉地遵守规则,尊重规则,维护规则的严肃性。

古语云:得人心者得天下! 在企业管理中注重人性化的要求,多点人情味,有助于俘获员工的心,提升员工对企业的认同感和忠诚度。只有真正赢得员工心灵的企业,才有可能在商战中立于不败之地。

现代企业管理的另一个共同理念就是培养企业员工高效的执行精神,形成企业团队高效的执行能力。李书福在吉利内部管理中贯彻"军事化高效执行"的要求就是这一理念的体现。

要想达到"执行军事化"的效果,就需要对员工进行军事化管理。军事化管理有助于培养员工的铁血精神,提高团队的执行力。军中无戏言,军令如山。在部队中,士兵心中要有步调一致的铁的纪律,执行任务时有打不垮、拖不烂的铁的作风,同时还有不找借口、坚决执行的铁的决心,面对失败和挫折时有勇敢拼搏的铁的雄心。除此之外,还得有全力以赴的铁的壮志。

如果员工能像训练有素的士兵那样坚决服从领导安排,坚决完成领导分派的任务,坚决执行企业的既定方针与政策,精诚合作,那么这个企业势必会形成一股超强的战斗力,面对风云突变的现代商海,才可能做到无往不胜。

"实现真正的企业人性化管理,打造出一支军事化的团队",这是李书福对吉利内部管理的期望,同时这一管理理念也收到了良好的回馈。仅 2008 年一年的时间,他就收到来自各级员工的 2707 份关于集团建设的合理化建议,其中1812 份被采纳,这些建议为企业创造了 280.59 万元的经济效益。

向管理要效益,已经成为世界性的课题。李书福的内部管理显然是卓有成效的,值得企业管理者借鉴、学习。

案例 1 · "三链协同"——无缝对接

吉利历史上有这样一段往事:1998 年,吉利生产了 100 多辆汽车,李书福把这批汽车拿到订货会上,但是由于品质上存在一些问题,遭到订货商的连连摇头,一气之下,李书福用压路机将这些车全轧了。

吉利人一直记得这个故事,集团副总裁杨健每每提及此事仍旧感慨万千。他既为老板轧坏所有品质存在问题的车的举动而震撼,同时也认识到品质对于吉利未来发展的重要性。优秀的管理最终要体现在产品的品质上,提升产品的品质对于吉利来说经历了一段十分痛苦的过程。李书福认为,吉利要想在产品质量上有进一步提升,在质量管理手段上就要和国际接轨。

2007 年年初,吉利汽车的销售形势十分糟糕,吉利的口碑在这一时期受到很大影响,整个集团上下弥漫着一种不安的情绪。基地与销售公司之间、基地与财务部门之间、基地与供应商之间以及各个部门之间互相埋怨,人心比较动荡。车卖不出去,销售公司压力很大,质量部门也受到质问。外界的嘲笑、蔑视和鄙夷也不绝于耳,让李书福等高管经受着巨大的压力。

"如果只有艰难没有希望,谁也不愿意去探索;因为有希望,所以再艰难我们也要去实践和尝试。"李书福对改变这一困境充满信心。他开始反思,并决定动手解决制约吉利发展的瓶颈。这需要大刀阔斧的改革,涉及品牌与营销的对接,产品线的调整和技术亮点的凸显,以及汽车品质的提升。

2007年5月,吉利在宁波发表《宁波宣言》,向外界宣布吉利正式走进战略转型期。由一开始打开市场的"低价战略"向"技术领先、质量可靠、服务满意、全面领先"的战略转变,进一步确立了"总体跟随,局部超越,重点突破,招贤纳士、合纵连横,后来居上"的企业发展战略,并把"造最安全、最节能、最环保的好车,让吉利汽走遍全世界"作为企业未来发展的使命。同时,2015年实现产销200万辆,2/3销往海外的宏伟目标也将坚定不移地继续执行。

李书福认为,吉利之所以要进行声势浩大的战略转型,其目的是要形成直接与国际跨国公司竞争的能力。战略转型有可能会将企业导向灾难之路,但是对于善于使用新方法经营企业的企业家来说,则无疑是一次喜获用武之地的机遇。

为了与跨国公司接轨,吉利集团必须苦练内功,不断提高企业的核心竞争力,并将战略转型落到实处。在经营管理方面,李书福倡导吉利从研发、采购、制造、销售、服务五大体系相对独立的企业架构向"三链协同、以用户为中心"的结构转型,管理手段由传统信息传递方式向信息化、数字化传递转型。

"三链协同"是指营销链、研发链、供应链的同步建设,实现三方面的无缝对接,协同发展。把原来的采购、制造及物流都作为供应链,把原来的销售、服务及经销商都作为营销链,再加上原来的研发链,三个链条之间相互为链,上下有序,下一道工序是上一道工序的客户,各个链条之间互为客户,整个流程一直向下延伸,直至到达市场上的真正客户。

吉利集团提出的转型目标为:以用户为中心,以订单为主线,深化改革,科学管理,三链协同,实现高质量下的高增值和高增长。

何谓"以用户为中心"?吉利内部是这样阐释的:"以用户为中心",即采购以制造为用户,制造以销售为用户,销售以经销商为用户,经销商以消费者为用户,领导以员工为用户,集团总部以子公司为用户,集团全体以市场为用户等。

就这样,一场浩浩汤汤的被称为"三链协同"的管理流程再造工程在吉利全面展开。重新整合资源,进行流程再造,着力打造营销链、研发链、供应链这三条核心价值链,从而提高企业的竞争力。

首先是研发链打造工程的推进。2006年,李书福邀请海归专家赵福全加盟吉利,担任吉利集团副总裁,主管技术体系的整合工作。赵福全不负众望,将分散在各个生产基地的技术力量统一起来,集中在吉利汽车研究院。这次大的技术整合对吉利日后的发展具有深远的影响,吉利创新能力因此呈几何级数迅速增长。原先吉利研究院一年只能做两款车,现在57个项目同时开展,一年时间光研发出的整车就有18款。

接着是对吉利供应链的整合。通过对丰田公司的研究,吉利发现丰田有100多款汽车,但门把手的供应商却只有4家。这样的做法能够节省成本,并且有利于缩短研发周期,具有十分明显的优势。而吉利原先的采购体系分散在各个子公司,不利于成本的控制,同时会拉长研发周期。因此,吉利一方面把分散采购转变为集团统一采购,提高企业供应网的密集度;另一方面,对产品在标准化和通用化方面进行调整,提升供应商的共享度。同时,在战略上和这些供应商结成自主品牌的联盟,彼此分享设计、创新成果。

与此同时,吉利开始对营销链进行整合。据吉利汽车销售公司总经理刘金良介绍,自 2006 年以来,吉利销售系统最大的变化是对"分产品销售"体系的实施。根据吉利以往的营销经验,一个地方只存在一个经销商明显不够,但是如果有两个以上又会产生竞争,盈利能力会因此下降,售后服务的投入也不足。总结这些经验教训后,吉利积极进行汽车产品的规划,并且计划在未来的三年内,形成 3 个不同市场定位的子品牌。这些子品牌将各自发展销售和服务网络,在同一个地方开设 3 家店,实现多品牌营销。

同时,先进的 ERP 系统(ERP 系统是一个管理平台,它建立在信息技术基础之上,以系统化的管理作为核心思想,从而为企业决策层及员工提供决策运行手段)又促使三链协同作战变成现实。

随着汽车产品的日益丰富和产量的与日俱增,吉利集团内部的信息量也迅猛增长。以往常规的信息管理模式(以软件平台为主,以自主零星开发的应用软件为辅的信息管理模式)已经不适应如今快速发展的集团生产经营要求了。于是,信息化建设在吉利备受青睐,管理创新也随之登上一个新台阶。

对于汽车企业而言,EPR 就是将信息技术与管理和制造技术相结合,让产品在开发、生产、销售和服务等过程中实现物流、资金流和信息流的集成及优化,提高企业的核心竞争力。信息化也是吉利集团提高工作效率的客观要求。一开始,吉利没有条件拿到建厂的大片土地,因此,形成了吉利集团在杭州、上海、路桥、宁波、临海等地分别设有生产基地的格局,如果按照传统的信息管理模式,事情处理起来势必会费时费力。

吉利集团副总裁张爱群面对记者的采访时这样说:"仅 2007、2008 年两年,我们就投资数千万元进行信息化建设,新上的临海 ERP 项目是基于 SAP 软件,由国际著名咨询公司现场实施的项目,极大地提高了集团管理规范化和现代化水平。集团 CPC 协调商务管理系统、吉利售后服务信息系统、PDM 产品定义数据库、人力资源管理系统也都成功实施了，并且产生了非常明显的效果。"

李书福这个具有敏锐商业眼光的先行者，在企业信息化管理方面也是毫不逊色。如安迪·格鲁夫所言：只要涉及企业管理，我就相信偏执万岁，李书福的偏执个性已经深入骨髓，在企业管理上面也发挥出了独特个人魅力以及一种果敢的决策能力。早在 2004 年，信息培训课已经成为吉利新员工的必修课。"管理数字化，数字自动化"这一目标是李书福很早就提出的。据国家信息化测评中心的数据显示，到 2009 年，吉利在全国信息化企业的 500 强中名列前茅。

吉利集团在流程再造的基础上全面实施信息化，运用 ERP 系统，对以产品为核心的各种数据进行组织和管理，使产品在生命周期的各个环节(比如：工艺、设计、生产、销售、售后服务等各阶段)实现"低成本、保质量、见效益"的目的。同时，在采购、生产和销售的环节上实现了"三网对接"，客户可以通过 ERP 系统向吉利下订单，这样采购、生产和研发有效地协同起来，吉利因此得以实现产销研的一体化。

"三链协同体系的建立，使得集团上下'以客户为中心，以订单为主线'的意识更强了，这是实现战略转型的重要保障，"张爱群如是说。

到 2008 年，吉利集团已经全面启动产品战略、营销战略、品牌战略、质量战略、信息化战略以及人才战略的转型，并全面完成对"技术体系、采购体系和营销体系"三大体系的整合，营销链、研发链、供应链这三大核心价值链随之形成，"以用户为中心、以订单为主线、以产品线为基础"的三链协同新局面也随之打开。

为了实现 2015 年的宏伟目标，吉利推行战略转型，通过产业结构调整、技术体系整合、采购体系整合、营销体系整合等一系列的改变，以及对用户满意度工程、品牌塑造和质量精致化工程的进一步推进等举措，使得吉利企业的管理得到有效的提升，经营业绩也得到良好的发展。2010 年，吉利与罗兰贝格咨询公司、IBM 公司合作的"百日提升"项目在吉利启动,这个项目对吉利的营销、运营和经营管理三大模块九个方面进行了一番梳理,从而使集团经营管理水平得到全面的提升。

实践证明,"三链协同"的经营管理模式适合于吉利的发展,对吉利的战略转型意义深远。实行这种无缝对接式的管理既有利于降低成本,同时还能大幅度地提高工作效率,为吉利 2015 年的宏伟计划的实现提供更大的可能性。

案例 2 · "5S"管理——要的是顾客满意度

企业产品销往何处? 没错,销到顾客手中。顾客是企业赖以生存和发展的"衣食父母",在竞争日益激烈的现代市场中,谁赢得了顾客,谁就赢得了市场。"顾客至上","顾客就是上帝",已经成为很多企业家的共识,也是善于管理企业的领导者极力提倡的。

如果企业失去了顾客,几乎等于为自己堵死了前进的道路。李书福在创业之初采用的"价格战"就是为了赢得顾客,后期实行战略转型,向中高档车型发展也是为了更好地满足顾客的需求。要想让顾客光顾,保证产品的品质是一个方面,还有一个方面也不容忽视,即对服务网点的规范和管理。

李书福认为,产品营销的关键在于终端管理,而终端管理的核心就在于客户关系的管理。建立良好的客户关系,为客户提供优质的服务,树立销售始于售后服务的客户服务理念,赢得客户口碑,留住客户,是企业不断发展壮大的基石。

一个企业始终秉承"顾客第一,服务至上"的客户服务理念,才有可能获得长足的发展。偏执狂李书福在客户服务管理方面也有自己的独特解决办法,他在吉利服务领域导入了"一二三"服务模式,以便进一步提高整个吉利服务网络的服务水平和服务能力,为广大的汽车用户提供更加方便、快捷、优质的服务。

　　"一二三"服务模式为：一个中心、两个基本点、三个措施。一个中心是指一切服务工作必须围绕"提高客户满意度"这个唯一的中心进行；两个基本点是指汽车服务站的"5S"现场管理和流程管理；三个措施是指优质服务奖励、神秘客户调查和呼叫中心。

　　据吉利汽车服务公司负责人介绍，提高吉利汽车的整个服务网络的水平是吉利实现自我快速发展的内在需求。随着金刚、远景等车型的上市，吉利汽车向中高档车型转变的速度在不断加快。为了使吉利的顾客得到更好的服务，从 2006 年开始，吉利便在各个服务公司启动了服务网点的形象建设和重新评级，其中有 400 条热线电话投入使用。这些实践为吉利汽车形成"一二三"服务模式奠定了现实基础。

　　两个基本点要求紧抓吉利汽车服务站的"5S"现场管理和流程管理，以厂家的统一高标准规范各个服务网点的整体水平。

　　"5S"现场管理和流程管理包含着丰富的内容，那么，什么是"5S"管理？

　　"5S"是日文整理（SEIRI）、整顿（SEITON）、清扫（SEISO）、清洁（SEIKETSU）和素养（SHITSUKE）这 5 个词第一个字母的缩写合称。开展有关整理、整顿、清扫、清洁和素养的管理叫"5S"管理。具体要求如下：

　　整理：是指将不要的东西立即处理分类，决定要与不要。吉利管理层要求从三个方面进行：(1) 全面清理。包括看得到和看不到的地方，如外观环境整理、工具箱内的整理等。(2) 处理不用的东西。清理掉修理区除维修设备、工具等基本设施以外的不用的东西，如废配件、报废设备等；办公区内除办公用品和设施以外的杂物也要清理掉。(3) 坚持自查。把一切不要的东西都及时清理出该区域。

　　整顿：是指物有定位，事有定规，明确标示"功能性的放置原则"，从而产生良好的工作环境和工作效率。从各个细小的部位开始整顿，调整不合理区域和建筑结构,改造不规范地面和墙体;实施墙体粉刷并清除掉粉刷残留物;维修设备、车辆、工具应该在指定区域内并摆设整齐;通道保持畅通无停放车辆和杂物;指示牌位置要合理;配件按存放规定摆放整齐等。

清扫:是指打扫,找到脏乱根源并彻底清除,建立清洁干净的工作环境。对于清扫工作要划分区域,确定时间,实现专人负责。

清洁:即维护,建立目视管理,通过制度化、标准化管理,维持有效率的工作环境。建立维修工位"三不落地"、每周大扫除、每天一小扫、公司定时检查的制度;制定考核办法;严格实施考核,考核结果与薪资、晋级相挂钩。

素养:即习惯,要养成良好的工作习惯。通过制度化、标准化管理,要求员工认真贯彻执行"整理、整顿、清扫"工作,不断养成良好的工作习惯,形成一种职业素养,时刻自发维护环境的干净清爽,保证各项行为规范到位,为服务网点树立良好的形象。

吉利汽车通过在服务网点实行"5S"管理,一方面可以改变员工的工作态度,增加员工的荣誉感和责任感,并且可以让他们得到好的工作环境;另一方面,"5S"管理对企业发展也有深远意义,可以有效地改进管理,提高工作效率,合理利用场地,提高竞争力,改善信息流通和沟通渠道等。改善"5S管理"可以达到服务升级,做到让顾客满意、改善管理流程、提高效率、节约成本、提高企业竞争力、增长效益等。

"5S"管理的关键在于建立明确、可行的工作目标,训练员工能够辨别问题并找到解决问题的方案,鼓励全部员工共同参与。实施"5S"管理的关键环节是区域规划、责任明确和形成素养。

吉利在"5S"现场管理上涉及 9 大方面的 61 个细节,涉及服务站入口及周围、服务接待室、用户休息室、接待人员素养、维修车间等。目的在于给客户提供一个洁净、优雅、舒心的良好环境。服务流程共 10 个环节 47 个节点,涉及预约服务、诊断派工、顾客接待、维修等,目的在于让客户在吉利汽车的任何一个服务网点都能够得到高效、规范的服务。

"5S"现场管理和流程管理要想得以实行,顾客满意度要想落到实处,离不开优质服务奖励、神秘客户调查和呼叫中心这三个措施。

唯有以顾客为关注焦点,提高顾客的满意度,建立良好的客户关系,吉利汽车的市场占有率才能得到不断提升。李书福认为:把每一个用户服务好,把每一个用户变成朋友,让这些朋友帮助宣传、推广吉利汽车的优点,形成良好的口碑链,制造良好的吉利汽车营销氛围,从而使更多的人选用吉利汽车,达到卖一辆胜过 10 辆的销售水平。这就是李书福的营销谋略,从根本上为吉利汽车提高了顾客的忠诚度。

李书福坚信:没有卖不出去的产品,只有卖不出去产品的人;没有开发不了的市场,只是没找到开发市场的人。具有营销能力的人善于调动市场的各种有利资源,建立好客户关系,服务好客户,营造出令顾客信赖的用户口碑。

然而,要建立良好的客户关系,绝不是一件轻而易举的事情,这需要软硬件两个方面的有效配合。硬件是指营销网点的位置、设施、装修、维修设备、工具、停车场、接待环境等;软件是指员工综合素质、管理制度等。在这两个方面都具备良好的条件的前提下,如果区域经理也具备很好的素质,同时还有一个合理的终端网点布局和有效的激励政策,那么吉利的市场占有率将会很高。要达到这样的效果,"5S"管理将会起到极其重要的作用。"5S"管理看起来比较简单,制度比较零碎,但是,正是这种简单的管理才是最有效的管理。李书福认为,虽然企业的管理很系统、很复杂,但是如果把这些系统和复杂的东西拆开来解决,问题就会变得很简单,就会迎刃而解。

据权威机构调查资料显示,在"5S"等管理制度的联合运作下,2006 年吉利汽车的用户满意度跃居汽车行业的榜首。同时,吉利汽车的销售也突飞猛进,全年销售达 20.4 万辆,同比增长 36%。

任何一个企业要想有大的作为,就必须首先把每一位顾客服务好,提高顾客的满意度,并让这些顾客帮助宣传、推广自己的产品。万科总裁王石就是一个以顾客为中心的管理者,他一直遵循"让万科理解客户,让客户了解万科"的客户服务理念。无论是创建"万科客户投诉论坛",还是将"物业管理有限公司"更名为"物业服务有限公司",都体现了他坚持"以人为本"的客户服务之道。

王石重视客户服务,在日常生活中,他要求员工与客户保持密切的沟通,深入了解客户的需求,以温馨服务感动顾客;此外,他还通过客户关系中心、投诉论坛、万客会三个渠道解决客户问题。王石的这些行为实质上都是最大化地创造客户价值的过程。

万科在王石的管理下"客户满意度和品牌忠诚度"每年都在攀升,这也为万科在地产界打响了名号,在赢得利益的同时也得到顾客更好的青睐。

王石和李书福的管理理念有异曲同工之妙,他们都重视顾客的感受,以顾客的满意为自己服务的宗旨。吉利集团在"5S"管理制度下赢得了顾客的满意和青睐,同时也促进了吉利汽车的销售。

案例3·"全矩阵式"项目管理——形成研发任务流

在企业管理中,传统的管理是按照生产、财务、销售、工程等设置的一维式管理。一种新型的管理模式——矩阵式管理在西方受到推崇,但是这一管理模式在中国的大多数企业不能很好地运用。

矩阵式管理也称为系统式或多维式管理,它是相对于传统的一维式管理所说的。这一管理借用数学上的"矩阵"概念,将管理部门分为两种:一种是传统的职能部门;另一种是为完成某一项专门任务而临时组建的专门小组,这个小组的人员由各职能部门临时指派联合组成,并指派专门的负责人领导管理,一旦任务完成,这个小组的人员就各自回到原来的职能部门。

矩阵式管理模式的优势在于它能灵活地分配人力资源,使企业组织能够适应不断变化的外界要求。同时,也给员工提供了一般管理和职能管理两方面的技能。但是,有利必有弊,这种管理模式也存在一些难以避免的难题,员工在矩阵式管理中实行双线汇报的模式,存在两个上司:流程上司和专业上司。日常考核由流程上司负责,晋升和任免由专业上司负责。因此,多头管理、责任不清和难以考核成为这个模式存在的固有弊端。

中国的多数企业不能恰当地运用这一模式。但是,李书福却愿意向高难度挑战,越是别人不敢轻易采取的方式,他越是要深入其中进行探讨,这也是其偏执的体现。

李书福一直很重视技术研发:我们掌握技术,这个作用是很大的,最起码知道技术标准,什么东西值多少钱,在零部件采购的环节上不至于被人欺骗。他认为,只有自有技术才是吉利的核心竞争力,坚信技术进步和新产品开发是企业竞争的龙头,是决定企业生死的基因组。对于汽车公司来说,技术进步能提高其产品的技术含量、技术水平,能够增加其产品的市场竞争力,同时又能配合公司完成远景战略。

2004年,吉利成立了自己的汽车研究院,通过对全世界众多车型进行研究、分析,找出其中的优缺点,为吉利汽车的研发提供借鉴。李书福当时筹划要把吉利研究院建成一座设施完善、功能齐全的现代化大型研发中心。到2007年5月,吉利宣布进行战略转型,决定摆脱以往以打价格战来占领市场的竞争态势,转变到以技术领先、品质领先和服务到位来赢得市场占有率的新阶段。为此,吉利研究院的任务变得更加艰巨而迫切。

在李书福看来,技术进步和新产品的开发必须做到与众不同,既不能完全否定,也不能完全照抄同行的方法。因此,学习借鉴不能忽视,但是要学就要学本质,从同行的成果中吸取营养,逐步形成自己的技术路线、研发体系及相关参数的积累。

为此,李书福尝试对技术研发管理工具进行创新,对研究院的研发流程实行"全矩阵式"项目管理模式。不过,吉利对矩阵式管理模式进行了一番创新,实现矩阵管理"内部市场化"。矩阵的纵横节点不是人,而是专业处室,研究院负责管理考核处室,处室则负责管理考核个人。这样的模式给予专业处室充分的自主权和管理创新空间,在客观上激发了专业处室的能动性。李书福的思路在于,要把吉利的研发形成任务流,即把任务分成若干个小项目后分别启动,均衡地从一个部门转入下一个部门,每个部门的每一个人都能够连续工作,和生产流水线十分类似。

不同的企业有不同的技术研发体系。李书福认为,只要一种研发体系符合汽车行业发展规律,又顺应世界 100 多年来汽车发展流程,能得到大众的普遍认同,并且能很好地与自身的技术研发体系有机结合,能够保证企业的健康、持续发展,就都可以付诸实施。

2006 年年底,吉利临海汽车研究院只有 300 多人,这与国内其他自主品牌的研发团队相比显得十分薄弱,与跨国公司动辄上万人的研发团队相比更是相形见绌。并且吉利研究院的成员大多是大专生,这样的团队在世界汽车业很少见到。不过,这并没有把李书福难倒,在他看来,人手不齐、能力有限的团队也必须进入研发状态并高效率产出。为此,李书福高薪聘请到汽车业鼎鼎大名的赵福全,并给他足够大的权力负责新产品的研发。

赵福全第一年加入吉利时,他的一些做法让吉利员工不理解。比如,要求把零部件的数模换成统一的规格，并补齐所有产品的两维、三维图等，但是，李书福表示全力支持。赵福全曾经自豪地说，李书福三年来从来没有一件事说他干得不对。以此可以看出李书福用人不疑的偏执管理艺术——他对一个全新理念倾注全力的支持，从而给予员工足够的信任和施展拳脚的空间。

赵福全也没有令李书福失望，他通过研究吉利以前的研发体系，得出这样的结论：以前大家都没有章法，大多数是乱出拳，分不清是少林派还是武当派。加盟吉利三年后，他认为，吉利已经开创出一套非常实用的全新研发体系——"矩阵式"项目管理模式——与国际接轨，适合中国国情，具有吉利特色。通过这一管理模式，吉利能够很好地提高研发效率，即在一个指挥系统下，将一名员工的时间分成不同的部分，再进行合理的调配，实现用 1400 人干 4000 人干的活的目的，从而有效地解决吉利研发过程中存在的短板。赵福全不无自豪地说，让工程师进行"重复设计"，既能提高设计效率，更能保证设计质量。

2010 年 1 月，国务院授予"吉利战略转型的技术体系创新工程建设""企业自主创新工程"类国家科技进步二等奖（一等奖空缺），吉利集团成为此次获得该类奖项的唯一一家汽车生产企业。这对于吉利和李书福是一个振奋人心的消息，意味着吉利研究院已经由原来的"农民起义军"改造成体制健全的正规军。

《商务周刊》认为，吉利整个研发体系转型的最大创新亮点是全新的产品开发流程。吉利人将之命名为流水线式研发：其基本思路是将汽车的研发分解开来，由各个任务小组分别负责，形成一个任务流。把各个研发部门看做不同的工位，任务流从上一个工位顺次转入下一个工位，一条研发流水线就此形成。在吉利，平均三个月就有一个整车进入这样的"流水线"。

"矩阵式"管理模式最重要的不是个人的成长，而是对组织的改变。吴成明主导设计了自由舰和熊猫两款车，他表示："在现代工业中，组织的重要性远远超过个人。2006 年之前的三四年,我们的研发设计水平一直处于停滞期,新的机构建立起来后,吉利的汽车设计才真正步入正轨。"

在"矩阵式"项目管理下,吴成明除了主管产品安全性外,还有另一个更为重要的职能,即担任整个吉利集团经济型轿车平台的总指挥。在吉利,每个副院长都身兼四职,除了分管一个或几个技术平台之外,每个人还得负责一个技术领域。底层员工尽管会参与多个项目,但是只做同一种工作。高层的灵活性和底层的单一职能适合吉利的情况,有利于吉利的快速研发。

吉利汽车研究院总裁助理兼研究院常务副院长丁勇认为:"技术水平高的人太少,所以身兼数职,但都是策划和统筹的性质,具体事务由下面的部门负责;而下面数目众多的技术人员,技术不必要特别全面,所以职能单一。"这一结构是根据吉利的实际情况而形成的特殊研发流程。

在吉利汽车研究院担任总工程师的马芳武指出:"基本技术研究,肯定大家都是矩阵化管理,但是产品研发部分一般都是项目组形式来做,就是一组人做一个产品研发。如果一个公司同时研发 10 款车,就会有 10 个项目组,每个项目组是独立的。甚至有一些公司,一个产品开发可能同时有几个独立的项目组在做,做完 PK 一下,确定最终方案。"吉利汽车研究院的整套研发流程与其他跨国公司最大的区别在于,吉利实行"全矩阵式"项目管理,其他汽车厂很少会把整车研发也运用"矩阵式"管理。

"全矩阵式"项目管理在吉利的实施是一次创新,它很好地解决了吉利人才短缺的难题。同时,又有效地提高了工作效率,为吉利 2015 年实现 200 万辆的宏伟目标提供了现实的依据和可能性。

李书福在研发管理上的独树一帜和创新精神渗透着一个偏执狂的管理理念。大胆地放权、全方位地对管理改革的支持,都为吉利转成正规军提供了便利。"全矩阵式"项目管理适于吉利的土壤,最终也使吉利集团在这块土地上生根发芽,结出累累硕果。

本章启示

企业管理的好坏直接影响企业的长远发展。管理者能够站在人性化的角度进行思考,给员工足够的尊重,可以达到凝聚人心的作用。管理者进行管理的目的是让每个员工都把自己的工作做好,而员工也因此能让自己得到更好的发展,为自己赢得更好的发展平台,同时获得更好的物质回报。这两者是相辅相成的,一点也不矛盾。因此,有效的管理是受被管理者欢迎的。李书福认为,最好的管理就是用最简单有效的方法把发展和回报统一起来。

作为企业的管理者,管理企业要有务实的精神,同时也要与时俱进,富于创新性,并以企业为主进行品牌建设,让企业成长为学习型企业,从而保证企业走上持续良好的发展之路。

李书福不仅是一个卓越的行业开拓者和具有敏锐市场眼光的决策者,同时还是一个具有人格魅力的管理者。在管理层面上,偏执的个性也起了很大作用:一方面,人性化管理可以调动员工的积极性,让员工摆脱受雇佣的心态,从而以主人翁的心态和热情投入工作;另一方面,又遵循一套严明的规则,保证企业正常运作。

除此之外,李书福根据吉利的实际情况对一些管理方法进行创新,使其适合吉利的发展,并根据地域的差异和不同的历史时期的要求,制定不同的企业组织结构和管理制度,因地制宜,因时而异,用发展的、创新的思维进行企业管理。

通过本章案例,我们可以得到以下这些启示:

1. 坚持以人为本的管理理念

李书福认为,吉利集团一定要营造一种人性化的空间,这样每一个员工在工作的同时才能够感觉到快乐,进而产生与企业一同奋斗的精神理念。

在企业中,每个人都有自己的思想,要达到完全统一是不可能的,只要和企业的方针政策及发展方向大体一致,应该允许每个员工有自己的理念。吉利也跟其他所有企业一样,都是从无到有,从小到大,一点一点成长起来的。成长的过程离不开人才以及不断地创新,吉利人才管理的基本原则是相对稳定、动态平衡、优胜劣汰。李书福表示:"吉利一直都力求最大限度地发挥每个员工的个人主观能动性,满足每个人的合理要求,实现人性化管理,同时也以严格的制度保证决策的有效执行。在这种双重机制下,企业和人才在总体上不断提升,使人力资源成为第一生产力。"

以人为本的管理理念对于现代企业管理十分重要,只有注重员工的人性化需求,才能激发员工的工作热情,为企业创造更多的价值。

2. 严格规范的制度

一个企业良好的发展一定要有严格的规章制度,所谓"无规矩不成方圆"就是这个道理。吉利有一套公正、公平、公开、科学、实际的管理制度,并期望吉利员工在这样的制度框架下展开竞争,让千里马脱颖而出。

制度为员工提供一定的行事标准,使得公司流程能够在一定的规范下正常运行,让企业的方针政策得以落实。因此,严格规范的企业制度对企业的发展十分重要,企业管理者不能忽略。

3. 管理经验来自实践

世界上绝大多数成功的管理案例不是来自管理大师或管理专业的经验传

授,而是企业自身在发展过程中所提炼的经验被反复验证后实现的。正是由于企业管理者在实践中不断经受磨炼,通过对企业方方面面的精深了解,才成为名副其实的管理专家。正如李书福所言:企业管理工作和其他工作一样,需要功夫到家,以及脚踏实地的一步一步夯实。

李书福对华为的管理模式十分欣赏。华为总裁任正非对公司管理人才的选拔坚持"从实践中来"的原则:从哈佛大学请来的几位博士,他们的理念非常前沿,但不适合华为的发展。如果我们把他们放到管理岗位上,他们的指挥系统会使公司陷入混乱。结果是我们既不能从高科技人才身上学到知识,这些人才在企业里也没能发挥作用。

杰克·韦尔奇曾说过:"没有一本教科书能提供我们所面对的问题的答案,我们必须每天撰写自己的教科书。"因此,管理经验是从实践中得到的,也只有从实践中得来的管理经验才更适合企业自身的发展。

4. 有效的管理就是简单的管理

李书福采用"5S"管理,把吉利服务网点的管理制度划分得十分细致,同时这些管理制度又简单明了。他认为,虽然企业管理很复杂,但如果把这些复杂的问题分开来看待,就会变得相对简单,最有效的企业管理就是简单的管理。与之相同的管理理念在海尔集团同样发挥重要作用。

李书福十分敬佩海尔总裁张瑞敏。在企业管理上,张瑞敏坚持"日事日毕,日清日高"的简单管理,将例外的管理变成例行管理。彼得·德鲁克在《卓有成效的管理者》中的一句话——管理得好的工厂,总是单调乏味的,没有任何激动人心的事情发生——给了张瑞敏很大的启示,他坚持简单且乏味的企业管理,最终把一个濒临破产的小厂经营成为一个全球著名的品牌。因此,企业管理者不必把管理看成是一门高深莫测的学问;相反,简单的管理有时才是最有效的管理。

第五章

不仅仅是价格战——吉利品牌管理

注重品牌的价值

合资就像是引诱我们抽鸦片。品牌掌握在谁的手里，核心的技术就掌握在谁的手里，主动权就掌握在谁的手里。

——李书福有关国外汽车巨头合资的观点

企业品牌的价值在于使其所有者在未来获得较稳定的收益。品牌是公众认识产品的一纸名片，是无价的财富，更是从"中国制造"到"中国创造"转型的助推器。

从 20 世纪 80 年代起，随着全球制造业的大迁移，我国逐渐成为"世界工厂"，但与拥有自主品牌相去甚远。在全球范围内，Made in China 到处可见，却在商品上找不到中国企业的踪影，中国制造，走的是品牌缺失的道路。

缺乏品牌的企业凭借价格生存，一旦没有了价格优势，就失去了竞争力。相反，一个成功的品牌使企业、消费者甚至竞争对手都能从中获利，在为这个企业带来滚滚财源的同时，还能很好地塑造整个行业的形象。

创业伊始，吉利以低价切入市场，然而随着性价比优势的不断变迁，降价再也不能成为吉利求生保质的杀手锏。

在实行战略转型之前，李书福为了保证价廉的优势，不得不一再压低零部件的价格，这让供应商有些喘不过气。如此一来，产品的质量无法得到保证，甚至会越来越差，服务也每况愈下。到2005年，李书福发现一个极为严重的问题，吉利汽车慢慢开始不赚钱了。汽车配件、钢铁等的价格一涨再涨，但是汽车价格不涨，低价车的利润变得十分薄弱。这个时候，吉利已经陷进了"低价—劣质—更低价—更劣质"的恶性循环之中。如果不及时从这个泥潭中脱身，"吉利的品牌会毁掉，企业也会夭折"。

因此，战略转型势在必行，李书福表示："首先就要抛弃以低价取胜、惯打价格战的竞争战略，转而打技术战、服务战、品牌战。"

然而，李书福在提出战略转型，摆脱价格战，实行品牌管理时，并没有得到吉利上下的支持，反而遭到吉利内部的强烈反对。吉利内部员工认定价格战，对技术战、品牌战、服务战没有信心，觉得战略转型方案在吉利无法开展，普遍认为李书福这一决策是一场胜算渺茫的战略冒险。

为表达决心，李书福亲笔书写《宁波宣言》，甚至将原来的厂房推平，将原有的设备、模具等统统扔掉，为吉利断了"退路"。之后，他买进了瑞典的机器人、日本的模具以及韩国的焊装生产线等现代化设备。

李书福之所以偏执地贯彻品牌化策略，甚至不惜断臂求生，缘于他看到了实施品牌化对于吉利的迫切性。然而，转型往往会带来阵痛，从价格战到品牌战，吉利经历着壮士断腕的挣扎。

实行品牌战之后，吉利宣布提价20％～30％，随之而来的是销量的大幅度下滑。转型前吉利的月销量峰值高达3万多辆，如今却滑到五六千辆。面对这接踵而来的代价，李书福开始在品牌上进行相应的调整。他重新梳理了吉利的产品线和品牌线,制定出"多品牌战略"。并为这一战略设置了"三步走"策略:第一步为2007—2009年,目标是成为"有知名度"的品牌;第二步为2010—2012年,目标是成为"有竞争力"的品牌;第三步为2013—2015年,目标是成为"有影响力"的品牌。

"多品牌战略"不仅让吉利顺利度过这场罕见的金融危机,而且吉利因此完成了初步跨越。吉利汽车廉价、低档次的固有印象通过李书福大刀阔斧的战略转型,通过吉利上下的艰苦努力,终于得以扭转。

吉利规划的三大子品牌——全球鹰、英伦、帝豪2008年在上海车展的同台亮相,以及熊猫的上市,意味着吉利"多品牌战略"初具雏形。

到2010年,李书福为吉利的"多品牌战略"设定的"三步走"策略,第一步已经转型成功,第二步正在有条不紊地进行中。

李书福是一个明智的商人,他能适时地为吉利制定不同的应对策略,选择价格战是为了占领市场,如今抛弃价格战是为了更长久地占领市场。尽管他的决策在一开始并没有得到认同,但事实胜于雄辩,他的执著让理想变为现实,也让吉利具有了走出国门的"品牌力"。

案例1·性价合一——造老百姓买得起的好车

价值决定价格,价格围绕价值上下波动,这是一个客观存在的经济规律。然而在市场上,一轮又一轮的价格战让人看得眼花缭乱,并心生疑惑,车市的价格体系和它所围绕的"价值"之间是一种什么关系? 是价值的自然回归,还是价值的下降?

对于企业,产品质量一直是生死攸关的分水岭,即使是百年老牌,仍然不能博得消费者对其产品的绝对信任。一旦消费者发现他们所购买产品的价值下降或者损害了他们的利益时,就会抛弃它,即使价格低廉也无法让消费者购买。因而,质量是企业安身立命之源。企业若想长久地占有市场,就要守住质量关,精益求精,不断进行质量改进。

李书福一开始进入汽车业就上演了一场降价风暴,同时也为吉利在壁垒森严、格局已定的中国汽车业赢得了发展的间隙。在他看来,中国汽车高昂的价格是不合理的,汽车厂商获得如此丰厚的利润也不合理。

在人们的种种怀疑和猜测中,吉利渐渐成长起来。李书福无不感慨地说:"吉利刚刚进入汽车领域时,有人担心吉利造不出汽车;等到我们造出了汽车,又有人担心吉利拿不到生产许可证;等我们拿到了生产许可证,担心又变成了吉利汽车质量不好;等吉利汽车的质量被消费者接受后,又担心吉利造车不赚钱;等吉利实现了赢利,又开始担心吉利生存不了几年……总而言之,就是不相信民营企业能在汽车业有一番作为。"

"造老百姓买得起的好车"是吉利的一句经典口号,也是李书福的造车理念,它支撑着作为民营企业的吉利不断发展壮大。这句话蕴含两层含义:一是要让老百姓买得起车,所以首先车的价格要低;二是汽车质量要好。既要求价格低,又要求品质高,这不是一件容易的事情,但李书福却以他的偏执智慧成功践行了。

以低价销售质量上乘的好车,这似乎违背传统营销理论。按照传统营销理论,任何产品的开发和经营都需要先对市场进行细分,然后再根据企业资源和市场的饱和程度确定目标市场,最后再通过一系列的营销行为对市场进行定位。

李书福没有对市场进行细分,而是对消费汽车的边界进行了重新界定。把原本被排除在外的普通大众考虑进来,并作出造"性价合一"的好车的承诺。

颠覆市场的固有规则需要魄力和智慧,需要做到对市场的深刻理解和把握,并且敢为他人先。虽然在许多业内人士的眼中,李书福造车的激情远远大于理性,但他清楚,没有理性的思考就等于将亲手打造的吉利毁于一旦:汽车迟早会成为国人的代步工具,这是由国际汽车发展规律决定的。

"汽车并不是有钱人的专利,作为厂家,我们有责任培育大众的汽车消费市场。我想不解决这个问题,中国老百姓的汽车消费时代就不可能真正到来。国外很多年轻人十六七岁开始买旧车,赚了钱之后再买新车,市场、商家培育了他们这样的消费过程。在我国,要进入类似的轿车消费时代,也需要有这么一个过程。"李书福的这番言论诠释了他对培育大众轿车市场的理念与责任。

"造国人买得起的好车"并不意味着吉利造的汽车质量差,"性价合一",要求价格要比行业同样性能和装备的汽车低,但在品质方面不能偷工减料。质量是企业的生命线。如果没有质量这块基石,即使吉利汽车的价格再低,也没有消费者愿意买账。"性价比"保卫战是吉利保持长足发展的关键。

今后决定市场胜负的将不再是单纯的价格战,而是性价比之战。吉利汽车要真正做到"物超所值",就必须进行一场性价比保卫战。因为,价值决定价格是一条不变的规律,愈演愈烈的价格战最终将导致汽车厂商做出"偷工减料"、"偷换性能概念"、"降低质量、服务标准"、"降低性能标准"等不良行为,危害消费者的利益,其结果只能是由汽车厂商来"埋单"。

李书福在吉利的一次内部会议上表示:"我们不能像过去那样去博弈低价,而要坚守承诺,'不打价格战',通过产品的'高附加值'赢得市场,同时,明白无误地告诉消费者,吉利在不打价格战、保证性能和品质的前提下,仍然要在'性价比'上保持绝对的优势。"

市场的占有是一个复合词,质量是王道,价格是杀手锏。除此之外,也离不开销售、售后服务等各个环节,如果样样俱全,则对市场的占有指日可待。吉利在保有价格优势的前提下,质量也一再被提上议事日程。

从 2007 年起,吉利进行战略转型,开始新车型的研发,打出"造最安全、最节能、最环保的好车"的旗帜。中国经济发展已经进入新的历史时期,以前粗放式的资源消耗型的模式已经不再适合发展的需要,科学发展之路势在必行。吉利以前习惯于价格取胜,然而按照科学发展观的要求,必须抛弃粗放式经营,要考虑到能源和环保能力,也必须考虑中国产品的国际形象。

战略转型之后,"造老百姓买得起的好车"这一定位被"造最安全、最节能、最环保的好车,让吉利汽车走遍全世界"所取代,但是将重心放在汽车品质上这一理念不会改变。李书福强调,千万不要把"造老百姓买得起的好车"理解为老百姓买得起的车就是低端车,这不符合吉利现状,更不代表吉利的未来。

安全、节能、环保是当今世界汽车工业发展的趋势,李书福不能让吉利在这个方面落后于人,这是汽车企业努力的方向。

吉利集团常务副总裁杨健曾经说过,吉利通过 10 年的艰辛努力,已经在汽车发动机、制动器、转向器、变速箱、电子电器控制以及车身设计、前后桥等领域获得了重大技术突破,并且还取得了包括自动变速箱、CVVT 发动机和 EPS 等方面一系列的丰硕成果。他对吉利实现"造最安全、最节能、最环保的好车"信心满满。

2007 年 8 月 18 日,吉利全面引进世界首创的智能化汽车行车安全技术产品——汽车爆胎检测和制动系统。这一系统的应用有效地规避了汽车因为爆胎而引发的交通事故,大大提高了行车安全指数。

2008 年 1 月的底特律车展,吉利发布重要技术成果,其汽车爆胎监测和制动系统已经在世界 141 个国家申请注册专利获得成功,它的节能技术成果也远远高于公布的科技成果。

从 2008 年到 2010 年,据有关数据统计,中国自主品牌车型参加 C－NCAP 碰撞测试的共有 39 款,只有 5 款车型获得五星,而吉利就占据 2 款。

2011 年 7 月,在 C－NCAP 公布的 2010 年第四批车型 C－NCAP 评价结果中,帝豪 EC7 系以 46.8 的高分获得五星安全认定。迄今为止,这个分数是我国自主品牌车型在 C－NCAP 碰撞测试中获得的最高分,甚至超越了通用、大众、丰田、本田、福特等在华合资企业旗下的众多车型,成为中级车的"安全王"。

吉利自主研发的 GSG 怠速启停技术系统,能够使汽车在拥堵的市区的节能效果达到 10%～15%,实现了"越堵越节能"的神话,并且还能有效地减少对城市的噪声污染。

……

造老百姓买得起的好车,以及造全世界最安全、最节能、最环保的好车,是李书福的不懈追求。他坚信,吉利汽车对于世界汽车先进技术水平要保持总体跟随的策略。全世界的汽车工业已有 100 多年的发展历史,在这长达一个世纪的漫长岁月中,形成了一定的规律和方向,也积累了很多有益的经验和教训,吉利汽车总体上要跟随大规律走,但是,也要有局部的突破和超越。李书福把吉利的发展重点落在安全、节能和环保方面的突破上,他期望以此实现吉利汽车的后来居上,甚至全面领先。

这些丰硕的成果昭示吉利的辉煌成就,"造老百姓买得起的好车,造最安全、最节能、最环保的好车"已经渐渐成为现实。李书福这样感慨:"我们吉利有一首歌曲,就叫'为了一个美丽的追求'。这个美丽的追求是有目标、有方向的。现在我们要造最安全的、最环保的、最节能的好车,要让吉利车走遍全世界,这个是我们的使命。大家都围绕这个使命去做工作,我想这个使命是崇高的、神圣的"。

案例 2 · 汽车≠洋图纸＋中国造——"中国创造"是硬道理

"苟日新,日日新,又日新。"创新才是企业的主要特征,杰弗里提出,"创新是做大公司的唯一之路"。持续创新是企业取得持续成功的不二法门,只有坚持创新,企业才能不断地提升产品的附加值,进而走出"低成本依赖症"的阴霾,由"中国制造"变身"中国创造。"

20 世纪 80 年代,中国汽车工业的口号是"引进、消化、吸收",目的在于抵制进口,期望通过合资、合作等方式建立中国现代化的汽车工业。但是在引进的同时,也出现一个问题,那就是中国的汽车市场几乎完全被中国人自己生产的洋品牌所占据。一个国家或民族,如果自主创新能力不足,一味地企求通过引进、消化和吸收国外的技术,而没有自有技术,就很难在世界立足。

中国的汽车产量中包含了欧美、日本等许多跨国公司在中国生产的汽车,真正属于中国企业的国产车十分有限。中国汽车工业要想做强做大,首先必须确立中国特色的技术标准和体系,即适应中国国情的、能突出中国材料优势的技术标准和体系。同时,要将标准和专利相挂钩,将知识产权战略进行到底。

具有知识产权的自有技术是企业的核心竞争力,能够提高企业产品的技术含量、技术水平,同时还能增强产品的市场竞争力。"劳心者制人,劳力者受制于人",进行汽车组装是劳力,掌握汽车核心技术则是劳心。要想不受制于人,就得掌握核心技术,拥有自有技术。这个道理很简单,但是核心技术总是高高在上,可望而不可即,但也不是没有道路可循。

掌握核心技术至少有两条路可行:一是通过购买,合资也是购买的一种;二是通过自主创新掌握核心技术。李书福认为,只有自主创新才是正道。他表示:"汽车合资就像引诱我们抽鸦片。品牌掌握在谁的手里,核心的技术掌握在谁的手里,主动权就掌握在谁的手里。如果中国人把什么都交出去,最后什么也得不到。中国汽车业的自主品牌发展正处在'边缘化'的险境之中:一是市场边缘化,中国汽车市场 90% 的份额由跨国公司的品牌占领;二是技术边缘化,尽管与跨国品牌的合作引进了大量的先进技术,但合资道路并没有换回汽车研发的技术。"这番言论发人深省。

对于民营企业——吉利来说,技术突破、自主创新才是生存之道。李书福和吉利的努力卓有成效。在中国汽车业界,吉利是唯一的自动变速箱 AT 的生产商。

2002 年左右,在中国,只有德国大众建立了一个自动变速箱厂。国家计委意识到自动变速箱对于汽车企业的生产和发展的重要性,曾经投入 8 个亿,组织数百名专家让上汽和天汽分别研发。但是由于这件事情难度太大,而且即使研发成功也不具有竞争力,于是两三年后就停了下来。

李书福也意识到自动变速箱对汽车的重要性,如果汽车企业缺少拥有自主知识产权的自动变速箱,就好像一个人缺少了一条腿。于是,他把那些专家找回来,与之商量吉利研发自动变速箱的问题。得知要花费两年的时间,并大概需要投入 1500 万~2000 万元的资金时,他认为可行。于是毫不犹豫地把这些专家请到吉利,成立变速箱公司,开始进行自主研发。

2005 年,三速自动变速箱研制成功,并被装在"自由舰"上。随着技术水平的不断提升,如今吉利的自动变速箱已经得以改善。2006 年,吉利的自动变速箱通过中国汽车工程学会专家鉴定,荣获"国际同类产品先进水平"的评价,并获得中国汽车行业唯一的技术进步一等奖。吉利又相继研发出具有国际先进水平的五速、六速手动变速器和三挡、四挡自动变速器。这些技术,很多都是中国首创,并且直追国际先进水平。

李书福感慨:"吉利的出现确实把汽车从神坛上拉下来了,使它离老百姓越来越近,确实把中国的汽车走向了普通民众。但是吉利所起的作用,不仅仅是这一点,我们还在努力,我们希望吉利能够为中国汽车的自主创新、自主品牌和自主知识产权作出贡献。我们要承认合资企业确实给中国的汽车工业提供了一些借鉴和帮助,但是他没有从根本上解决我国汽车工业自身发展所面临的问题。中国汽车工业要想走出一条成功的道路,必须要从根本上形成一支人才的培养培训系统,形成一套自主研发、自主创新的系统,而不是简单地采取拿来主义。"

自主研发、自主创新,不是简单的"洋图纸＋中国造",需要走出别人的阴影,做出自己的特色,实现创新。无论任何时候,企业要保持竞争力,都离不开自主研发和创新。实现"中国创造",做民族品牌,这是李书福一直追求的目标,他的信念是:中国汽车制造的终极真理,就是一定要制造普通老百姓买得起的好车;就是一定要创造出具有真正中国血统的"中国制造"!

吉利一直坚持走"自主创新、自主研发、自主知识产权"的道路,2005 年"中国创造奖"评选揭晓,吉利荣获"最具创造力企业"的称号。在知识和技术创新上,吉利获得了 7 项发明专利、30 项新型实用专利、37 项外观专利,为我国汽车自主品牌的发展闯出了一条道路。

2008 年,一场金融风暴席卷全球,中国的汽车产业也受到了巨大的冲击。而吉利汽车却逆风而上。李书福在 2010 年两会期间提交的一份《关于中国产业转型升级与教育改革协调发展的提案》提出:2008 年的金融危机深刻地暴露了中国汽车产业发展的短板,产品的附加值不高,并且主要依靠廉价劳动力产生利润,这种外销模式必然会遭受重大创伤。他认为,中国产业转型已经迫在眉睫、时不我待,中国必须马上改变简单、粗放的经济发展模式,最终实现由"中国制造"向"中国创造"的转变。

实现"中国创造"不是一朝一夕的事情,需要汽车制造商脚踏实地地去践行。正如李书福所说:"自主创新没有捷径可走,一定要像小学生描红、练造句、写短文一样,刻苦地练就基本功。只有把每一个零部件的技术研究透彻,只有先简单后复杂,先学走路后学跑步,才有自主创新的坚实基础,才能形成持续、有效的自主创新能力。"

2008 年 1 月,吉利的 BMBS 技术——爆胎检测与安全控制系统在北京进行了现场演示。之后这项技术在美国底特律车展上引起了轰动,李书福因这一技术荣获唯一的技术奖项。北美车展组委会主席卡尔·加里亚拉是这样评价的:"节能、环保与安全是人类孜孜以求的目标,北美车展见证了一个汽车企业两年内的惊人进步,吉利人用两年的时间带来了 BMBS 技术,开创了汽车安全技术的新领域,将'发明、创新和实践特别贡献大奖'颁给李书福和他的公司,就是对他们不断追求技术进步的最好奖励。"

BMBS 是一项融机械、电子控制、计算机和液体控制于一体的技术,它能够实时监测行驶中汽车轮胎的胎压,并及时作出预警。特别值得称道的是,它能够在行驶中的汽车发生爆胎或快速泄气的状况时,保障行车的安全。科技实验表明,汽车从爆胎到失去控制大约有 3 秒钟的时间,而 BMBS 这项技术则为司机赢得了生死攸关的 3 秒钟。

对于吉利的这一科研成果,李书福很自豪:这就是我们总体跟随、局部超越策略的体现,这项技术其他所有的大厂商都没有解决,但是我们吉利做到了。这一点也得到了科技部专家的认可:中国要想真正自立于世界民族之林,就不能缺少像吉利这样有灵魂、硬脊梁的企业!

除了 BMBS,吉利还自主研发了发动机。开始造车时,吉利汽车使用的是天津丰田 8A 发动机,刚开始与丰田合作很愉快,但是没多久李书福发现,随着吉利采购发动机的数目增长,发动机的价格不仅没有降下来,反而被不断地加价,甚至被要求先付款。这时他意识到,掌握核心技术,拥有自主品牌才不会受制于人。于是,狠下心来开始自己研制发动机。

研发的过程十分痛苦,但是吉利最终获得了丰硕的果实。当中国绝大多数的汽车还装载着国外的发动机时,吉利已经自主开发出了国内领先的 CVVT 发动机。吉利也因此结束了采购发动机的历史,变被动为主动。目前,吉利的发动机还在不断改善,以中国工程院院士郭孔辉为首的专家组对吉利投产的 4G18CVVT 发动机作出很高的评价:"处于世界先进水平,填补了国内空白。"

企业要想长久地生存,与其在下游和众多竞争对手争夺方寸之地,不如通过自主创新,到达境界更为开阔的上游,去领略更多的无限风光。李书福也这么认为:"吉利必须要走自己的路,这是由吉利自身的背景所决定的。吉利从一开始就坚持走一条有吉利特点的中国汽车工业发展道路,而不是简单地依靠哪一个大型汽车公司,即便将来也不会去寻找捷径。我们认为走向成功的道路只有一条,就是要脚踏实地练内功,把基础做扎实,然后一点一点地不断发展。汽车行业的特点就是要扎实前进。日本丰田公司有今天,没有靠哪一个汽车公司,也没有走捷径。吉利要向丰田学习,要向世界上所有优秀的大企业学习。"

有时,平凡与卓越仅仅一线之隔。在平凡中日复一日,做一天和尚撞一天钟是平庸;在平凡中勇于开拓、不断创新就可能实现卓越。经济发展的秘密武器是新陈代谢、吐故纳新,创新是亘古不变的话题。民族企业要想长盛不衰,实现卓越,坚持创新、坚持民族品牌、坚持中国创造才是硬道理。

案例3·吉利≠低端——改变低端竞争态势

技术含量低是导致企业产品质量低的主要原因。在浙江台州,塑料企业云集,大部分是低档日用塑料制品,很难找到科技附加值及利润高的高档产品。在这里,产品成本比欧美等国家低了 1/3,同时,使用寿命也低了 1/3。如果产品在低端徘徊,只能靠规模经营来提高竞争力,那么一旦成本提高,粗放式的规模经营将无法维系高昂的成本。

企业唯有不断提升产品技术含量,提高产品力,改变自身的低端竞争态势,才能保持持续的竞争力,并提高溢价能力。

自 1998 年吉利第一辆汽车——"豪情"下线起,到目前为止,吉利已经拥有了经济型轿车豪情、美日、优利欧;中级轿车自由舰、金刚和远景以及跑车美人豹;高级轿车全球鹰、英伦、帝豪;豪华车"小劳斯莱斯"等。从中可以看出,吉利正在沿着一条自下而上的自主品牌路线曲线成长。

吉利被汽车业界称为一条不折不扣的"鲶鱼",实至名归。李书福为了实现自己的理想——造老百姓买得起的好车,也为了切入市场,用了一个浙江商人惯常使用、也最有效果的方法——价格战,来吸引消费者,为自己打开市场。同时,吉利也为自己在汽车界树立了经济型轿车主力军的"声望"。

走低档车路线,是吉利的生产能力以及当时的市场布局所决定的,是无奈之举,也是最现实的举措。李书福最初的梦想是造"奔驰",这是外界所共知的。但是,当时吉利的资金、技术和人员不具备这个能力,于是转而进攻低端车市场。

吉利凭借钣金工的敲打让第一辆豪情顺利面世,同时也顺利让吉利成为"价格最便宜的车",但吉利低档次、低品质的形象也在消费者的心目中形成。有人这样说过:"吉利汽车价格便宜,花 4 万块钱就能买到漂亮的外形、舒适的驾乘享受!不足之处,吉利汽车的小毛病比较多,内饰工艺较为粗糙,车身外部的焊接工艺较差。"

企业要想做强做大,单凭价格低是行不通的。自中国加入 WTO 以来,自主品牌、合资品牌在分割市场的同时,也在引导消费者进行消费。那些真正具有购车需求和能力的人越来越注重品质与品牌,而低端车的形象显然让吉利在品牌上面没有竞争力。

在经历了以低价取胜的草创阶段之后,吉利必须调整战略,向以质量和品牌取胜的阶段发展。吉利自由舰先后登陆德国法兰克福车展和美国底特律车展,为吉利吸引了海量的眼球,并夺得底特律车展的"银钻奖",且顺利通过美国顶部碰撞试验,成为首个在国际上完成此类试验的中国企业。这些都显示了吉利品质的提高,也使消费者对吉利"价廉质次"的固有印象有所改观。

吉利金刚依据"5S"造车理念,融合国际流行造车元素和多种市场元素,让吉利轿车跻身中级轿车的行业。都市跑车美人豹于2003年12月被评为"中国最佳风云跑车",被中国国家博物馆永久收藏。

从2007年开始,吉利开始进行战略转型,将老产品全部停产,决心告别以往以低价策略取得竞争优势的历史,开始从低端向高端转变,从价格优势向技术领先转变。为了这次转型,吉利付出的是近8亿元的代价。

转型,对于企业自身发展是至关重要的,有时充当分水岭的角色。如果在技术、品牌等方面授人以柄,那么企业很可能一不留神就会成为成功分子中的失败分母。而那些靠创新、技术升级、品牌起家的企业,无论是在金融危机、成本危机还是人民币升值的时刻,大都能够岿然不动,甚至化险为夷,成为行业洗牌中的既得利益者。因此,唯有转型,走技术、品牌化道路,这样的企业才能使中国制造真正屹立于民族之林。

关于转型,李书福有自己的理论:进军中高档汽车,跟利润有关系,更重要的是跟一个企业的形象,跟这个企业的持续发展统一起来系统思考。吉利汽车给大家的感觉似乎就是最便宜的,就是小型经济型的,我们认为吉利有能力造出中档的、高档的轿车,我们需要改变企业的形象。

"以前你们在市场上看到的吉利轿车代表不了吉利今天的水平,因为吉利已经实现了脱胎换骨的改变。"杨健如是说,并且,他把吉利的发展概括为以下三个阶段。

第一阶段：低价取胜。通过这一阶段，吉利踏入车市，并且很快形成了经济型轿车的批量生产体系，瓦解了由合作企业垄断的价格体系，为中国车市注入新鲜的血液。

第二阶段：质量取胜。吉利在不断提高生产技术、工艺和管理水平的同时，投入5个亿对原有生产线进行了大规模改造，并大批引进国际先进设备，比如高精冲压设备、全自动底盘传输线等，从而大大提高了吉利的生产自动化水平，并且保证和提升了汽车品质。

第三阶段：全面创新。从2005年开始，吉利结合"十一五"规划，制定出全面创新并且与国际先进水平接轨的目标。为此，吉利通过规范产品开发模式，明确企业发展方向，从产品、技术和管理等方面的创新入手，启动流程再造等系统，把吉利打造成一个全新的现代化企业。

李书福认为："汽车行业是一场没有终点的马拉松赛跑。一开始跑在前面的，不一定是第一。现在我们需要解决的问题，就是要建立一种长效机制，能够持续推动吉利的发展和品牌的提升。我们现在采取的措施就是先练好内功，从豪情、优利欧、自由舰，到金刚、远景，还有我们将来要推出的像小劳斯莱斯那样的高端产品。吉利要实现的是一种跨越式发展，我们完全有信心和实力去参与这场马拉松赛，而且我们也有信心去赢得这场马拉松赛的成功。"

在这场马拉松赛跑中，吉利已经取得了阶段性的成功，其固有的低端形象不断被自主创新和技术突破推翻。同时，吉利的品质问题随着技术的纯熟已不再是消费者担忧的问题。李书福用事实向外界证明，吉利不依靠合资等手段，依靠自主品牌完全有能力造好中高端甚至高端汽车，并得到市场认可。

2008年11月6日，吉利正式发布子品牌"全球鹰"（Gleagle）。这是吉利在宣布进行战略转型之后的一项重要举措，全球鹰象征"时尚、激情、梦想"。到 2010 年 12 月，全球鹰的销量在吉利总销量中占 45%～48%，这充分说明无论是产品品质还是消费群体，吉利产品都在远离低端，有了质的提升。

帝豪 EC7 系车型自 2009 年 8 月上市以来，凭借一款 1.8 升手动挡车型，已经创下了总销量超过 4 万辆的佳绩。吉利副总裁刘金良表示："目前售价 8.98 万元的帝豪 EC7 供不应求，售价超过 10 万元的 EC8 也严重缺货，说明吉利的品牌溢价能力开始提升。这些年，吉利实现了从量变到质变，品牌形象已经有了颠覆性的变化。"

2011 年，吉利帝豪月销售突破 1 万辆。据了解，由于工厂产能问题，目前帝豪的市场缺口很大，提车有时需要等待几周的时间。市场的供不应求充分显示出帝豪的竞争力，如今帝豪已经成为汽车市场上国产中高端车的标杆，并不断向上攀升。

帝豪是吉利汽车研究院严格按照国际一流的正向研发程序制造的，其安全性很高。在 C－NCAP 碰撞测试中，帝豪 EC7 获得 46.8 分的高分，夺得五星评价，荣登自主品牌之首，并将很多合资品牌车型甩在身后。

从经济型低端轿车入手，吉利不断向中级轿车和高端轿车发展，并以铁一般的事实证明，吉利不等于低端，低端的竞争态势已经成为吉利的历史。吉利自主研制的中高端轿车已逐渐得到消费者的认可。

与此同时，李书福还有一个梦想，就是制造像奔驰、劳斯莱斯那样高品质的豪华车，这是他造车的最初梦想。李书福的偏执个性在于，不轻易放弃追求，一旦时机成熟，就会义无反顾地践行。

劳斯莱斯出租车是全世界经典且广受欢迎，早在 2005 年，李书福就已经萌生生产像劳斯莱斯这样高品质出租车的愿望。他认为，吉利研发的"小劳斯莱斯"一定是最安全、最环保、最节能的汽车。

吉利推出的"小劳斯莱斯"是一个代号,意思是劳斯莱斯级别的。李书福表示:这绝对不是一场模仿秀,吉利为这款车自主研发外形、底盘、内饰和动力总成等,安全性能绝佳。"小劳斯莱斯"的内部空间大而舒适,躺着睡觉是绝对没问题的,而且我们绝对保证车内人的安全,无论是宝马还是宾利,都敢跟它们碰撞,而且我们肯定会赢。

据了解,这不仅仅是一辆豪华车,还是一台医疗器械。驾驶员在享受它各种交通功能的同时,还能有效地为自己治疗颈椎腰椎,获得额外享受。

CSM汽车信息咨询(上海)有限公司大中华区汽车市场预测总监张豫表示:"吉利的高端转型已没有退路。"而李书福也丝毫没有退却的意思,即使在吉利转型后几个月内出现销售量大幅下滑的惨状,并遭到吉利内外风起云涌般的质疑,他也没有放弃的意思,偏执的特点又一次体现出来,他计划将走高端路线坚持到底。正因如此,吉利的低端态势得以扭转,并不断向高端汽车行业挺近。

本章启示

走过艰辛的创业初期,扛起民族工业进军国际市场的旗帜,李书福和吉利一直在努力。生产设备简陋,需要钣金工来充当汽车设计师的艰苦岁月已经过去。如今,李书福开始注重吉利品牌的管理,同时也获得丰硕的成果。吉利的轿车整车、发动机、变速箱和汽车电子电器等的自主研发已日臻成熟。曾有一位国外汽车权威断言,中国人绝对造不出自动变速箱,但是吉利做到了,进而填补了国内汽车领域的空白。中国第一套电子智能助力转向系统也是由吉利研发,这也开了国产品牌的先河……

毋庸置疑,吉利在茁壮成长,不再依赖价格战,寻求性价合一,期望造出品质卓越的好车,开始向中高端汽车领域进发,从而满足用户更多的需求。吉利坚持走自主创新的道路,实现"中国创造",保持中国自主品牌的尊严和灵魂。同时,注重品牌管理,只有这样才能促进企业长足的发展,这是企业发展的规律。

通过本章案例,我们可以得到以下这些启示:

1. 重视品牌的力量

对于企业,品牌就是打开通向财富之门的金钥匙。吉利放弃价格战,转而进军品牌战,正是看到了品牌对于企业发展的重要性。在某种程度上,技术定乾坤,品牌定成败,这是公司的图腾。

1980—2005 年品牌中国总评榜上,"海尔砸冰箱"被评为"中国 25 大标志品牌事件"。张瑞敏的这一砸,砸出了海尔员工的质量意识和消费者对海尔冰箱的认可及信任。海尔品牌的美誉度也因此得以提升。

品牌是一个经济学的名词,是一种错综复杂的企业象征,是产品经营的一个概念,也是一种无形资源。福特汽车创始人福特曾经说过:"我可以没有汽车厂房、资金和技术人员,但我不能没有一个坚挺的品牌。"然而,中国的很多企业从发迹起,就没有品牌。他们背靠知名品牌这棵大树乐此不疲,实质上只是一堆灌木丛,既长不成木更成不了林。师出无名,拿什么在国际市场上与高手过招?

因此,追求卓越的质量,重视品牌的力量,企业才能赢得顾客的满意,进而最终赢得市场。品牌是企业的金字招牌,塑造企业品牌已刻不容缓。但是,企业品牌的塑造不是一蹴而就的,需要滴水穿石,以及平日里的日积月累。

2. 自有技术是核心竞争力

自有技术是核心竞争力,这关系到一个企业能否长远地发展,也是企业能否摆脱桎梏、实现腾飞的关键。汽车产业的核心技术主要包括两个方面:技术标准和质量标准。合资企业在中国做得最多的是国产化,在这个过程中,他们只让中国人了解质量检验标准,对质量标准和技术标准的制定原理则实行封闭政策。

多年以来,中国的企业以为只要拿到了知名大企业的图纸,获取跨国公司的数据等,就等于掌握了核心技术;还以为只要有先进的生产线就能生产出好产品来。其实这些远远不够。中国的企业要想走自主发展的道路,就必须掌握技术标准的制定原理。也就是说,必须掌握世界汽车工业 100 多年以来逐渐形成的、内在的、各家秘而不宣的规则。否则,民族企业将永远无法摆脱"引进、落后、再引进、再落后"的规律。

一个国家,一个民族,如果没有自由技术,没有建立起自己的技术标准和质量标准,将很难实现产品的品质转变,也很难掌握控制权。李书福对此有清晰的认识,一味地靠引进,将很难摆脱落后的局面,技术进步和技术创新才是企业竞争的龙头。因此,引进人才、培养人才,依靠科学人才打基础练内功,从而实现自主创新,增强企业的核心竞争力成为吉利紧抓不放的一个策略。

3. 脚踏实地搞创新

创新是企业赖以生存、进行竞争不可或缺的素质,如果企业一直保持一种循规蹈矩的生存姿态,则是一种自我溃败。同时,创新需要一个循序渐进的过程。

李书福认为:"创新是脚踏实地的,没有任何捷径可走。只有从点滴做起,踏踏实实地积累经验,去创造条件实现创新。企业创新能力的培养和提高没有捷径,需要企业漫长的自身努力,从低到高逐渐提升。基于这一认识,吉利集团先后自主研发了具有民族品牌的汽车发动机、国内第一款有自主知识产权的自动变速箱等产品。"一个出色的企业家,不会是投机商,也不会是痴迷于赚钱、存钱的葛朗台,而是一个敢于大胆创新的创造型人才。李书福显然是这样的企业家。

随着对世界汽车工业的了解和对汽车制造工艺等的逐渐熟悉,李书福感觉到,如果要想造好汽车,实现技术创新,走民族品牌救赎之路,吉利别无选择。唯有像栽小树苗那样,每天浇水、施肥,不断除虫,才能让小树苗成长为参天大树,最终长成一片广袤的森林。

创新能力取决于企业对员工持续的培养能力。从1998年开始,吉利先后创办了浙江吉利汽车工业学校、浙江吉利技师学院、北京吉利大学、海南大学三亚学院、浙江汽车工程学院等职业院校,有效地为吉利培养了众多人才。

广纳人才,投入大量资金进行技术改造,加强企业管理苦练内功,这些都是为实现全面创新所做的努力,这些都需要脚踏实地的践行。在如今变幻莫测的现代商海中,对于财大气粗的大企业,或许可以依靠规模、资金抵挡一阵;对于"先天不足"的中小企业,如果不能进行脚踏实地的创新,即使一场小风波也会使其葬身商海。

第六章

招贤纳士，人尽其用——吉利人才管理

人才是企业的原动力

如果把我的厂房设备、材料全部烧毁，但只要保住我的全班人马，几年以后，我仍将是一个钢铁大王。

——美国"钢铁大王"安德鲁·卡内基

企业的命运很大程度上取决于企业是否任用了一批懂技术、懂管理的人才。培养和保护企业的人才竞争力，是企业建立竞争优势的根本。虽然企业的产品质量、服务、价格、企业规模、创新能力、投资强度等都是竞争内容和竞争焦点，但是隐藏在这些背后的其实是残酷的企业人力资源竞争。

李书福这位在汽车业具有偏执个性的管理者对待人才也有一种偏执的热爱，招贤纳士在吉利被演绎得淋漓精致，大量的"空降兵"纷纷涌入吉利，为吉利带来生机，也为自主创新创造了条件。同时，李书福用人不疑的态度又让每一个加盟吉利的人才做到人尽其用，真正拥有发挥自身特长的平台。

李书福要为吉利打造一片人才森林，概况来讲就是：招揽"大树"，培养"小树"。这里的"大树",是指具有丰富行业经验的专业人才,是引进的人才,吉利称之为"空降兵";"小树",是指吉利自己培养的人才。李书福的"人才森林"理念极富创新性,要求引进大树,然后再由每片大树林带领小树,最终形成吉利人才森林。

在众多民营企业家中,这个憨厚、朴实又有着偏执个性的草根企业家,对人才的青睐有目共睹。他尊重人才,鼓励企业高层畅所欲言,不搞一言堂;对中层和骨干员工也舍得投入,力求让所有进入吉利的人才在生活和工作上都顺心。

大量的"空降兵"也在吉利人性化的工作氛围中发挥出自身的能量。来自华晨的尹大庆在吉利起着重要作用,如果没有他对吉利资产的盘点和财务上的保障,李书福任何疯狂的计划都只能是空中楼阁。同样,来自华晨的赵福全为吉利由低端向高端进军发挥了举足轻重的作用,是进入吉利的众多海归中最出色的人才之一。

到了近几年,具有海外收购经验的国际专业人才成为吉利的新宠。吉利要打开海外市场,并完成海外收购项目,急需这方面的大量人才的加入。2009年,原北汽控股集团总工程师、北京奔驰掌门人、华泰汽车总裁童志远,出任吉利沃尔沃项目CEO;原英国BP集团高管袁小林,出任吉利兼并与收购总监;原菲亚特集团动力科技中国区CEO沈晖,出任负责吉利海外项目的副总裁;曾任海尔人力资源总监、北汽福田人力资源总监的魏梅,出任吉利控股分管人力资源的副总裁;2010年,原福特汽车总公司全球传播经理及福特中国副总裁许国桢,加盟吉利……

这些在汽车行业功成名就的职业经理人先后加盟吉利,让人感受到李书福的企业家风采。但是,仅凭个人魅力就能网罗大批人才为其效劳吗?2009年年底,有媒体评论道:仅靠个人魅力,很难实现这种人才的累积,吉利肯定有一套令人称道的人力资源体系。

主管人力资源的吉利集团副总裁魏梅被业内人士评价为：网罗人才很有一套，是不可多得的人力资源好手。她认为："好的企业虽然不需要人力资源在前面冲锋陷阵，但人力资源要像水一样，无孔不入，在企业要进行大的变革的时候，它会像浪潮一样，对企业产生巨大的推动力。"

汽车、品牌、企业都各有各的基因，那么吉利的基因在哪里？在接受记者采访时，魏梅给出了答案：吉利的基因是骨子里对车的激情，是对中国制造、民族品牌所具有的深厚情感。如果凭自己内心的激情、自己的兴趣去工作，那么他工作的积极性是比较高的；如果只是以薪水作为干活的动力，这样的企业一定是死气沉沉的。员工是企业的原动力，谁伤了员工的心，谁就动了企业的元气。

由此可见，要打造吉利的人才森林，李书福有自己的一套独特的人力资源体系：一方面广挖人才、大张旗鼓地招徕知名经理人；另一方面，很注重自身的人才培养体系。北京吉利大学、海南大学三亚学院、浙江汽车工程学院等多所院校的投资建设，为吉利提供了充足的新鲜血液，有力地保障了吉利的人才供给。引入高端人士，通过职业教育培育人才，由大树带动小树，两者相得益彰，最终形成吉利人才森林。李书福凭借与生俱有的偏执个性，再一次让吉利的人才战略独树一帜。

案例1·三顾茅庐

近年来，我国民营企业在不断发展壮大，但在实际经营中却不断遭遇瓶颈，以及管理、市场等方面的难题，依靠老板的成功经验和个人魅力已经难以完全解决问题。因此，寻求合适的技术人才、职业经理人和高级管理人员，成为企业解决问题的关键。

这些人才可以通过两种途径获得：一是在企业内部逐渐培养起来；二是引入"空降兵"。所谓"空降兵"，是指很多民营企业家为了及时在管理上得到质的提升，从外部引入的职业经理人或高级管理人才。"空降兵"有利于帮助企业注入其他优秀企业的管理方法和可借鉴之处，从而促进公司的系统化管理。

吉利在其发展的过程中也引入了大量"空降兵"，这得益于李书福对人才的重视，以及其三顾茅庐、礼贤下士的精神。

企业家不仅需要具备发现人才的眼光，还要有能够吸引和打动人才的个人魅力。最关键的是，企业家要懂得尊重人才，放低自我姿态，同时要给予人才充分的发展空间和施展才能的舞台。李书福希望把吉利做大、做强、做好，为了把技术搞上去，他四处寻访懂技术的人才，并恳请他们加盟吉利。而赵福全——国内最受推崇的海归派汽车技术专家，成为李书福的目标人物。

2004年，赵福全离开戴姆勒·克莱斯勒汽车公司，带着一腔热忱回国投身自主品牌的建设，加盟华晨金杯。但是，华晨的经营状况十分糟糕，李书福曾辗转多次试图说服他投转吉利，但是都被赵福全拒绝了。赵福全表示要与华晨共渡难关，这一点令李书福对他更为欣赏。此后，李书福以"三顾茅庐"的诚恳姿态不停地进行游说。

赵福全是一位享誉海外的汽车研发专家、机械学家。他1985年毕业于吉林工业大学汽车系内燃机专业，1992年获日本广岛大学博士学位，1993年在英国伦敦大学帝国理工学院任研究员，1994年在美国韦恩州立大学机械工程系从事博士后研究工作，1996年升任该大学助理教授。

1997年4月，赵福全进入美国戴姆勒·克莱斯勒汽车公司，任产品工程师，从此他开始了汽车技术研发生涯。一年之后，他成为该公司的工程专家，研发发动机。1999 年升任为发动机技术高级专家，从事汽车动力总成的开发研究工作。到2003 年，赵福全开始担任戴姆勒·克莱斯勒公司的技术研究总监。

赵福全在戴姆勒·克莱斯勒汽车公司工作 7 年多之后，于 2004 年回国，加盟沈阳华晨金杯汽车有限公司，担任公司副总裁兼研发中心总经理兼任上海汉风汽车设计公司董事长。

2006 年 4 月，赵福全被美国汽车工程师学会授予院士称号；9 月，他的名字被世界科学技术名人录所收录……他获得的奖项和荣誉不胜枚举。

李书福能够说服赵福全加盟吉利属于一种机缘巧合。2006 年 4 月，在香港机场李书福和赵福全偶然相遇，此时两人恰好都是独自出行，因此闲聊起来。这次聊天，李书福本想继续游说赵福全加盟吉利，但是说到动情处，竟忘记了谈话的目的，反而说起他对吉利的长远规划和宏伟蓝图，以及把汽车卖到欧美，成立吉利欧美工业园有限公司，从而扩展海外业务的计划。

通过这次闲聊，赵福全感受到李书福对车的钟情，同时李书福本色质朴的表达也感染了他，一改对吉利的负面印象。面对李书福盛情而恳切的邀请，赵福全动心了。将汽车销往海外，成立海外工业园这一全新的挑战是吸引赵福全加盟吉利的重要原因之一。

2006 年 11 月 16 日，北京国际汽车展览会吉利展览馆隆重开馆。这一天吉利召开新闻发布会，在会上正式宣布赵福全加盟吉利，担任吉利集团副总裁兼吉利欧美汽车工业园有限公司总经理。

赵福全加盟吉利，顿时成为业界的一大新闻，广受关注。有人发出这样的担忧：海归太洋，吉利太土。两种完全不同的思维方式能融到一起吗？李书福是地道的农民，生性质朴，骨子里渗透着偏执的个性；而赵福全则是一位知名的洋博士，儒雅而睿智。这样反差极大的两个人站在一起，让人们不由议论纷纷。

赵福全能够加盟吉利这样的小公司,也引起人们的猜想。在接受记者采访时,他坦言:"从个人角度来讲,我并不关注这家企业有多大的名声、多高的地位,更多的是我认为这个企业要向上,有一个追求。我相信自己有能力,能够帮助这家公司。大企业也是从小企业发展来的,而且我骨子里相信中国的发展正需要这种小企业。"

吉利就是一个积极向上的企业,李书福则是一个富有追求的企业家,生产"中国创造"而不是中国制造的汽车是吉利造车的理念。同时,吉利的自主研发能力名闻退迩,在国内处于先进水平,这与吉利的人才战略息息相关。吉利从国内外聘请了大批专家,也自主培养了很多优秀技术人才,其中不乏院士和博士,吉利的研发团队在不断壮大。

对于赵福全加盟吉利这件事情,很多业内人士这样感叹和总结:对于喜欢挑战的赵福全来说,这次加盟必然能使他一展宏图;李书福能请到这样的高级技术人才,对于一贯奉行自主创新的吉利来说无疑是一件如虎添翼的好事。

在此次新闻发布会上,李书福对人才战略又有"大动作",他要建立中国汽车工程学院,为吉利培养大批从研发到技术、从掌握汽车专业知识到实践操作、从汽车制造到汽车销售的人才梯队,并任命赵福全出任院长,全面推进吉利的人才战略。具有海外背景,既懂技术,又懂管理的赵福全无疑让李书福的这一人才战略得以提速。

赵福全加盟吉利如同蛟龙入海,他表示:"我加盟吉利后开展的第一项重要工作,就是完成了对吉利技术体系的整合。近三年来,吉利汽车研究院的团队规模翻了两番还多,已经从2006年年底的不足360人,发展到目前的近1400人,包括海归人员9人,硕士、博士近200人。"

自赵福全加盟后,吉利无论是在技术人才的培养,还是在产品的研发、技术开发方向的把握与制定，以及技术体系的完善方面，都发生了一系列的连锁反应。不仅如此，李书福计划大力开拓欧美汽车市场，在这里，赵福全也扮演了重要角色。

李书福早想加入欧美市场，但是无奈欧美市场的法规对于尚处低端市场的吉利是一条难以逾越的鸿沟。如今，熟悉西方技术模式和研发流程的赵福全的加盟，将能够帮助他完成这个梦想。对此，赵福全很兴奋："这也是我加入吉利的原动力之一。市场光靠廉价是不行的，技术培养是个漫长的过程。对我来说，挑战非常大。"来到吉利，一切从头开始，甚至连他任职的公司也刚刚注册。要打开欧美市场的大门，需要对欧美主打的车型、品牌和涉及的技术含量、价格等进行研究，压力之大可想而知。但是，赵福全没有令李书福失望。

赵福全也十分感谢李书福对自己的信任和支持。赵福全回忆："我并不在乎这个平台的大小，也不害怕会有困难，但是在这个平台上一定要让想要干事业的人有充分发挥的空间，有足够的自主权。当李书福董事长最初找到我的时候，我也曾拒绝过他，因为那时我认为吉利这个平台并不适合我。当时我所听到的关于吉利的新闻很多都是负面的，并且有传闻说李书福带兵从不超过半年。但后来在实际合作的这三年半中，我发现事实与传闻并不相符。董事长确实给了我最大的自由度，让我能够自由地规划长期、中期和短期的目标，并付诸实践。这种来自最高层的信任是吉利给予我的最珍贵的东西。"

2006年10月，赵福全陪同李书福前往英国，参与谈判收购锰铜公司股份的最后事宜，在这个谈判中，赵福全不负众望，帮助吉利实现了这一入股计划。

2009年，吉利成功收购澳大利亚DSI自动变速箱工厂，赵福全是第一位带领吉利团队踏上澳洲国土的企业高层。同时，此次收购他全程参与，发挥了重要作用。

目前，赵福全在吉利身兼数职，他既是吉利集团副总裁，又是吉利欧美汽车工业园有限公司的总经理，同时还是澳大利亚DSI控股公司董事长、英国锰铜公司董事。吉利第三次大规模的海外并购——收购沃尔沃,也处处能够看到他的身影。在这场万众瞩目的谈判中,李书福将其中最重要的知识产权谈判交给了赵福全。这是整个谈判中最难攻克的堡垒,但是,赵福全做到了,他在这次项目谈判中发挥了不可替代的作用。

李书福能够"三顾茅庐"请赵福全加盟吉利,可以显现出他对人才的痴狂。他认定了一件事情就会全力以赴,在人才招揽方面也是如此,他的偏执个性一次又一次地帮助他实现了理想。而赵福全这位被美国工程院选为"全美最杰出工程师之一"的海归,因为心怀振兴民族企业、发展自主品牌的热忱,和李书福心灵契合。他们是汽车业的两个另类,而正是这两个另类的联手,实现了吉利汽车进入欧美市场的夙愿。

案例 2 · 借力尹大庆——用人不疑

公司战略、企业文化和人力资源是现代企业运营的三大支柱,在冲突和平衡中推动企业的发展。大型企业在管理中强调制度、规则和流程,是为了保证企业这艘大船在惊涛骇浪中平稳航行。上升到战略层面,以人为本的企业文化则愈来愈受到企业的关注。比如,IBM 创始人托马斯·沃森为公司制定的三条行为准则中的第一条就是"必须尊重个人"。英特尔企业明确表示要满足员工,并把"让员工享受工作"列为企业文化的六大准则之一。在国内,海尔的"人人是人才",阿里巴巴的"希望成为员工幸福指数最高的企业",都体现了企业对人才的尊重与关注。

吉利作为一家土生土长的中国民营企业,同样充满了人性的色彩。重视员工、信任员工、激励员工,给员工足够的空间施展才能,是李书福的用人准则。

李书福采用"三顾茅庐"的精神为吉利请来了赵福全,从中体现出他对人才的重视以及他求贤若渴的管理者智慧。吉利集团的另一位重要人物、财务总监——尹大庆的加盟，也是李书福以诚恳的态度请来的。并且在对尹大庆的任用上，更多地看到了李书福用人不疑的态度。

尹大庆在中国汽车产业界也算是一位资深人士，然而时至今日他并没有获得与其江湖地位相匹配的知名度。这其中的原因应该有两点：一是他本人习惯了CFO身份的低调，从不接受媒体的单独采访；二是他先后的两任"老板"——仰融和李书福，太过于瞩目，遮盖了这位职业经理人的光彩。

尹大庆在加盟吉利之前的履历：1990年1月—1993年12月，在杜邦(中山)纺织有限公司担任财务总监；1994年1月—1996年12月，在威士(中山)有限公司任财务经理；1997年1月—1998年6月，在上海杜邦农化有限公司担任财务总监；1998年7月—2002年11月，在华晨金杯汽车公司担任副总裁兼财务总监。

自从尹大庆被仰融从杜邦挖到华晨之后，在这四年的时间里，尹大庆帮助华晨实现了48亿元利润。2002年8月，李书福亲自邀请已经出走华晨的尹大庆加盟吉利，但是被尹大庆委婉地拒绝了。在临走时，尹大庆给李书福留下一本自己撰写的关于企业内部管理的书。在这之后的一年多时间里，李书福闲下来就看这本书，每次看到关键的地方还会给尹大庆打电话。直到吉利彻底结束了由四兄弟共同把持的家族企业，蜕变为一个真正意义上的现代股份企业，尹大庆才如约而至，加盟吉利。

职业经历丰富的尹大庆认为企业内控环境对CFO很重要，他表示："会计的原理应该说并不是最困难的东西，但财务领导人很重要的一个挑战是做好内部控制。内部控制时常受到很多意外因素的影响，如果是国内的民营企业，一些老板的亲属和朋友很可能会成为干扰内部控制的主要因素。实际上李书福在更早的时候就找到我，希望我过来帮助他，但直到吉利在筹备上市过程中顺利淡化了家族色彩，除李书福之外的家族成员都不在吉利任职了，这时候我才决定加入，因为只有这样的基础才能真正发挥我所期望的 CFO 职能。如果说一个家族企业上市之后还有很多家族成员在里面，这家公司一定是没有透明度的。我这么多年从事财务工作所得到的最大感悟就是，如果一家公司的环境不够好，那就不值得参与进去，因为你无法秉持你的职业操守，而现在的吉利刚好是可以给我创造了保持职业操守的环境的。"

尹大庆加盟吉利后，李书福的家族成员全部退出，并且吉利坚持民营体制，拒绝国有企业参股。同时，这位"财神"为吉利带来一套企业现代化内部控制体系。比如，这套系统要求一定数额以上的预算必须首先经由财务部审核，之后总裁才有权进行审批；同时，财务部门没有批准权，最终的决定权还是在总裁那里。财务总监只向董事会汇报，而不是总裁，这样就形成了财务总监和总裁之间的制约关系。企业资产管理者、使用者和所有者的三权分立，相互制约的管理模式让吉利在经历动荡之后，终于拥有了更为健康的体魄。

摆脱家族式管理，建立现代化管理体系是中国很多民营公司难以实现的梦想，但是尹大庆的加盟为吉利实现了这一愿望。具有 34 年国企、外企和上市公司财务工作经验的尹大庆心里很清楚，CFO 不仅要对总裁负责，还必须对董事会负责。他表示："即便从最基本的公司利益出发，内控环境也是 CFO 发挥作用的基础。如果没有好的内控环境，很多成本就降不下来。汽车公司规模大了以后，工厂设备购置和维修招标、废料处理等都是以千万元、亿元来计算的，如果不能按照市场化的原则使公司利益最大化，那么这个损失是非常惊人的，也是我不愿意看到的。"

2004 年 5 月，尹大庆正式加盟吉利，当时吉利推出"骏马计划"和"雄狮计划"，并作出 5 年之内产销 100 万辆的规划。尹大庆认为吉利当时迈的步子太大，可能会有问题，因为考虑到国家在 4 月份已经开始宏观调控，于是，他就问："有可行性报告吗？技术从哪里来？资金从哪里来？人才从哪里来？"面对尹大庆的疑问，当时有人很不客气地说:"尹总,你刚来,什么都不懂的,这些你别问了。"

李书福是一个敢于接受反对意见、知错能改的管理者,虽然当时他没有认可尹大庆的提议,但是半个月后,终于意识到其中的问题,于是诚恳地对尹大庆说:"这一轮宏观调控的确力度很大,仔细权衡之后,我们新的工业区项目暂停了。你的意见是对的,'骏马计划'和'雄狮计划'需要修改。"

从这件事情上可以看出,李书福是一个偏执但富于理智的人。对于外界动辄给以李书福"汽车疯子"这顶帽子,尹大庆不太认同:"实际上,李书福是个既有激情又不乏理智的人,只不过在有的时候,需要人给他浇浇凉水,他很快就能转过来。这个人极其民主,不是不能容纳反对意见,只不过很少有人敢去提而已。所以,在集团经管会议上,我就是主要提反对意见的人,因为该支持的都已经用行动支持了。"

尹大庆是吉利集团中最敢于在工作上与李书福对抗的人,曾经有人这样说:"除倚重以外,很多时候,董事长甚至都有些畏惧尹大庆。"

李书福对创业从来不会吝啬投入,为了应对他随时都可能产生的投资热情,尹大庆这样说:"我总会跟董事长争吵,砍掉那些不需要用钱的项目。"因为身为CFO,尹大庆明晓,对于资产有限的民营企业来说,如何把钱花在刀刃上,远远比赚钱更具学问。为此,尹大庆始终将吉利的资产负债率控制在65%以内。他的这一理念对吉利的发展产生深远的影响。

自尹大庆加盟吉利以来,他为吉利这一民营企业在战略目标和持续经营方面提供了强有力的财务支持,并为吉利导入国际化管理机制开辟了道路。他独创性地提出"资本链、融资线、现金池"这一理论,并将其运用在集团资金管理方面,不仅为吉利拓宽了融资渠道,还节省了财务成本,减少了资金占用。尹大庆还根据吉利业务结构设计出基于产品线的利润中心矩阵管理模式和绩效考核方法,这一集团事业部制有效地提高了劳动生产效率,吉利的经营效益明显出现增长的趋势。同时,他注重内部诚信,对产业链的成本效益和现金流进行综合考虑,这极大地调动了分销商和供应商的积极性,吉利的配件质量和产品质量也因此逐年提升。

吉利业绩的快速提升与尹大庆为首的整个财务团队的辛勤工作息息相关,这个训练有素的财务团队获得"2006 年度集团重大贡献奖"的殊荣,并从 2006 年开始,连续三年荣获"吉利集团先进集团"称号。

尹大庆加盟吉利 12 个月之后,参与并成功策划吉利在香港全面上市。2006 年 7 月,尹大庆代表吉利团赴英国商议购买锰铜公司股份的相关事宜,最后达成吉利对锰铜投入 52％的股份。引进伦敦出租车生产技术和管理模式,在上海生产黑色出租车的合作,这为吉利打造了海外融资平台。到 2007 年,尹大庆实现吉利由 50 亿元的账面资产变成 128 亿元的巨大飞跃。

尹大庆的又一杰作是 2009 年 6 月 15 日,完成吉利对 DSI 变速器公司的收购案。这一收购在尹大庆的策划下以闪电般的速度完成,丰富了吉利的产品线,使原有自主知识产权的自动变速器在研发和生产能力等方面得到进一步的提升。

对于 CFO,老板的信任至关重要,正是因为李书福对尹大庆毫不怀疑的态度促成了尹大庆在吉利的大展拳脚,让吉利更上一个台阶。

在中国,企业领导者要做到信任员工、培养员工、激励员工和成就员工,看似简单,但真正能做到的很少,能认识到其重要性的企业领导者也并不多见。中国企业家更多地将着力点放在了企业战略规划和组织架构的设计上,而对人的关注很少。李书福对尹大庆及其他加盟吉利的人才真正做到了"用人不疑,疑人不用",正因如此,也赢得了尹大庆等人才的企业归属感和创业激情。正如尹大庆所言:"我不是为了挑战而来,也不是为钱来的。我是为这个事业而来。我是为了寻找一个能够体现中国人力量的地方……我相信凭借我的智慧和能力可以让吉利变得更好!"

李书福能够做到用人不疑,同时对尹大庆的意见能够审慎思考,面对批评还能虚心改过的精神不是每个老板都能具备的。但是,偏执的李书福天生质朴,只要是对吉利有益的意见,他都能够理智地分析并采纳。正因为如此,吉利才能快速地成长。

案例3·一个企业,一座大学

如果问 100 个企业老板或 CEO:你目前最大的挑战是什么? 其中 99 个给出的回答是人才。在人才和技术密集型的汽车业,这个问题更为严重。一位在汽车企业担任人力资源总监的人士曾经这样说,有时为得到优秀的人才,他们甚至上演"潜伏"——先通过各种方式和对方认识,然后再进一步交往,逐渐成为朋友,时机成熟就邀请对方加盟,使之变成一件水到渠成的事情。为了人才,人力资源确实煞费苦心。

吉利于 1997 年进入汽车行业,民营企业的身份影响着人们对它的价值判断。那时,很难招到大学生,即便招到也很难留住。因此,人才的匮乏成为吉利亟待解决的问题。同时,李书福又发现一个怪现象:一方面,大中专院校毕业的学生找工作很困难;另一方面,企业又很难招到高级人才。

为此,不按常理出牌的"汽车狂人"李书福又有惊人之举,他专门组织一个观察团赶赴美国哈佛、麻省理工学院、斯坦福等世界一流的学校,进行考察学习,并对世界上近百家长盛不衰的企业进行调查,通过这一系列的考察和调查发现,那些知名的企业都无一例外地拥有自己的学院、培训基地和技校。而中国的企业虽然也不乏一些高技术人才,但是在人才的延续性上显得十分不足。正因为企业的发展缺乏自己所需要的人才,人才不能源源不断地得以供给,很多企业的寿命不是很长。

李书福决心办自己的学校,为吉利培养有道德、有知识、懂技术、会动手、能吃苦的汽车专业人才,同时也为社会输送合格的人才。

1998年8月,李书福在浙江办起了浙江经济管理专修学院,迎来了第一批学生,这是他创办的第一所民办高校。随后,吉利又投资创办了多所汽车专业和社会专业相结合的大学,比如全日制的北京吉利大学、海南大学三亚学院以及以培养汽车车辆工程博士和硕士为主要目的的浙江汽车工程学院等。

从1998年到2007年的10年中,李书福在造车的同时,也为吉利集团建立起了一套国内最庞大且完善的民办教育体系:吉利旗下有8大院校,涵盖从中职、中专,到大专、本科,再到硕士、博士的所有办学层次,拥有3500多名教职员工,57000多名在校学生。因此,李书福还具有一个让他十分得意的头衔——中国民办教育协会副会长。

李书福向外透露,吉利对于教育的投入少说也超过了10个亿。他认为,企业在初创阶段,由于自身资源匮乏,人才主要靠引进;到了发展阶段,人才的来源方式以内部培养和外部引进相结合;当企业发展壮大到一定程度,人才将以内部培养为主,同时还要为社会培养、输送大批人才。

到2009年年底,吉利集团已有13000多名在职员工,其中70%工作在汽车生产一线的技术工人和业务骨干都是由吉利自办院校培养的;吉利汽车研究院有1400多名科研人员,其中40%以上的科研人员也是由吉利自办院校培养的。这些百分比可喜地表明吉利自办院校的成功,这些院校已经成为吉利集团人才的摇篮和员工再培训的基地。同时,吉利汽车产业又为在校学生提供了实习的机会和场所,李书福用心经营的造车和办学两大产业良性互动、相得益彰。

时至今日,企业办大学已经不是什么新鲜的话题,随着经济全球化的不断深化,在未来企业的竞争中最根本的就是人才的竞争。据统计,在世界500强的企业中，70%的企业已经建立了自己的企业大学或者商学院。在我国，企业办大学的也越来越多，除了李书福办的多所大学和技术院校之外，海尔大学、联想学院、金蝶大学、春兰大学、蒙牛商学院、新希望商学院等知名企业投资设立的企业大学或商学院层出不穷。

麦当劳中国发展公司总裁陈必得先生认为：对企业而言，员工始终是最宝贵的资源，加大对人力资源的投入，既能提高员工的整体素质，又能获得最大的实际效应。汉堡大学已成为全球麦当劳员工学习麦当劳四大经营哲学（品质、服务、清洁以及物有所值）的最高学府，也是伴随所有员工长期学习和发展事业的重要场所。

陈必得先生的此番言论表明了企业和大学的互相促进作用，而企业办大学的目的在于为企业培养人才，传承企业文化，李书福办大学的目的也在于此。

"授人以鱼，不如授人以渔。"企业领导者应该通过学习和培训让自己的员工具备这个"渔"的技能。在李书福看来，办大学搞教育，应该培养那种能够打仗并且能够打胜仗的人，能够成功并且不断成功的人，应该培养动手能力强且能解决实际问题的人。

为贯彻"走进校园是为了更好地走向社会"这一教育理念，并为确保吉利培养出来的学生是学以致用的合格人才，李书福从全球各地以高薪聘请名师任教。目前，浙江汽车工程学院有特聘教授70人，专家51人，博士生导师48人，聚合了大批汽车业界、财经界的顶级实战专家和科研带头人，以及众多来自国内外知名汽车院校的高级教授。吉利大学的校长和名誉校长，分别由国内名牌大学前校长和两院院士担任。同时，吉利大学还从国内著名大学，诸如北京大学、清华大学、中国人民大学等引进教授、副教授、高级工程师500多名。除此之外，吉利大学的任教者中不乏一些来自欧洲、日本、韩国、美国等国汽车院校及科研单位的著名学者。而吉利集团内部的高管,也为吉利研究生的培养提供了大量导师资源。这些来自全球各地的师资力量为吉利培养人才提供了切实的保障。

吉利院校培养人才始终以就业为导向,根据企业需求和社会需求灵活开设课程。比如,浙江汽车职业技术学院结合吉利汽车工业的需求,培养一线技能人才,共开设了汽车检测与维修技术、汽车电子技术、汽车制造和装配技术、机械制造与自动化等13个专业。课程内容强调"实用性",教学过程体现"实战性",众多吉利院校为吉利培养和造就了汽车产业链各个环节、各个层次的领军人物。

同时,吉利的教育模式也具有创新性,吉利的"311"教育模式是在遵循教育科学发展规律的基础之上,应新世纪经济发展和全球竞争的要求所建立起来的一种以培养应用型、实用型人才为目标的新型高等职业教育培养模式。

"311"教育模式的"3"是指三门核心基础课程:实用语文、实用英语和计算机应用。李书福认为,生活在现今社会必须具备这三方面的能力,就像人吃饭一定要有碗筷一样。学好语文是因为生活在中国,拥有良好的中文口头表达能力、沟通能力和写作能力是基础;又由于中国已经加入世界贸易组织,全球经济一体化趋势锐不可当,而英语作为当今国际交往的通用语言,因此一定的英语交流能力也是必备的;同时,随着信息化时代和互联网时代的到来,计算机应用也是不可或缺的一门基础课。在他看来,这三门课程是最基本的工具性课程,无论学什么专业,都必须掌握好它们。

"311"教育模式中间的那个"1"是指一门"以人格本位教育"为核心的职业道德素质课,属于意识形态方面的,包括政治、文化、历史、品德、法律、社会、伦理、人生哲学、价值取向等。李书福认为,这些东西不必学得很深、很专,只要求学生掌握必须懂得的基本政治常识,目的在于让学生懂得基本的做人道理和中国传统文化。吉利的教育独具特色,在教学方法上不是单纯的说教,而是通过拓展活动、游戏等教育方式让学员体会教育要点,提升认识世界、辨别是非的能力。

"311"教育模式后面的那个"1"是指围绕一个岗位或职业而设计的专业课程体系,即一技之长,在于培养学生的谋生手段。李书福认为,要培养学员的一技之长,须让学生着重学习几门与未来职业和工作岗位密切相关的核心专业课程,吉利教育求广不求精,不用像公办学校的本科教育那样学习很多专业课程。

这种新教育模式的教育指向性非常明确,学生从一开始进入学校就有明确的专业方向。同时,吉利为学院的各专业学生提供了优越的实习条件,吉利分布在全球各地的生产基地、动力总成事业部、汽车研究院、国内外销售公司等都可以为学生提供实习环境,从而使吉利形成了教育为产业提供智力支持、产业为教育提供实践支持的模式。在吉利,汽车产业、研发和教育已经浑然一体。

吉利集团在2010年提交给全国人才工作会议的交流材料中有这样一句话:"吉利既是一个企业,更是一座学校。如果一开始办学校是苦于招不到人才的无奈之举,那么后来大规模地投资建校则彰显企业大学对企业人才培养的重要性。"李书福在人才培养方面的偏执智慧,和他大张旗鼓地自办大学,实行人才自己培养的大手笔值得企业主借鉴学习。

本章启示

当今社会,企业核心竞争力越来越体现在对人才的占有上。作为第一资本的人才的培养、拥有和运用成为企业关注的焦点。人才是推动企业发展的力量源泉,如果没有人才的支撑,很多事情都将变得不切实际。无论从宏观角度还是从微观角度考量,人才都是企业发展的决定性因素。企业只有拥有充足的、优秀的人才，才能够实现跨越式的发展。

资本、土地、市场、技术、人力等都是企业不可或缺的生产要素，但是决定企业发展和财富增值的最重要的因素还是人才的竞争。千军易得，一将难求，这是很多企业都可能面临的问题。而汽车是人才密集型产品，对人才的需求更为迫切。

几十年来，随着我国汽车工业的发展，已经培养出一大批技术人才，包括国有企业和合资企业的汽车人才。吉利能够在短期内得到快速的发展，很大程度上得益于李书福对人才的尊重和吸纳能力。

一方面，吉利的口号——"凝聚一股力量、提炼一种精神、完成一个使命"，让一大批有理想、有抱负的有为青年加盟吉利，尤其是在吉利创业的初期，在物质、资金匮乏的年代更需要这种精神；另一方面，吉利吸引了一大批汽车领域的专业技术人才来到吉利，这些人才有来自一汽、二汽、上汽的厂长、经理、高级工程师、技术人员等，也有来自我国汽车研究机构的老专家，还有大批来自海外的汽车制造专家。

这些优秀人才加盟吉利之后，在决策、生产制造和技术管理等领域发挥了重要作用。吉利在各个领域和各个层面都焕然一新，实现了"化蛹成蝶"的蜕变。

通过本章案例，我们可以得到以下这些启示：

1. 重视人力资源的力量

吉利的"原动力工程"、"新型班组建设与管理"、"人岗匹配"等具有吉利特色的人力资源管理方式值得企业管理者学习、借鉴。一个企业要想有长足的发展、要想领先于同行业，关键的一点就在于激发一线员工的潜能，让员工抱有激情地投入工作。因此，做好人力资源管理是至关重要的。吉利在人力资源管理方面不断创新，李书福提出"原动力管理"的管理模式，目的在于激发企业最前沿、最前端、最神经末梢的一股能力和作用,让企业人才积极、主动地投入工作。

杰克·韦尔奇曾经表示:与中国企业家对话是一件比较困难的事情。中国企业家将着力点更多地放在了企业战略规划和组织架构设计上,而对人的关注很少。中国企业在与国际企业接轨的过程中,更多地意识到规则、制度及流程的重要性,而对企业战略和人力资本这些更为本质的东西产生了漠视心理。这是许多中国企业无法做大做强的重要原因之一。

人力资源部门在中国民营企业中,很多时候更像摆设。但是李书福致力于打破这样的局面,他对人力资源的定位显得很另类:在吉利,每一个员工都能够惊讶地发现人力资源的重要地位。因此,一系列的另类管理方式和用人理念在吉利不断出炉,为吉利的人才引进和培养发挥着不可替代的作用。

2. 锲而不舍求人才

李书福为了吉利的发展求贤若渴,对徐刚、尹大庆、赵福全等汽车业鼎鼎大名的人物都十分尊重。为了求得这些人才,李书福甚至不惜再三登门造访,或是一有接触的机会就游说,甚至为了表示自己的决心,将企业人员进行整合,让吉利由家族型企业转变为现代化企业……

对于技术、人才要求极高的汽车制造企业,谁拥有了具备精湛技艺的人才,就意味着已经为将来企业的成功发展奠定了坚实的基础。人才是各大企业争相聘请的对象,李书福能够招来大批"空降兵"的加盟,离不开他的诚挚精神和对民族自主品牌的热情。

亨利·福特也是一位极其爱才的老板。一次福特公司的一台马达坏了,身边没有人能修复,于是他几经辗转找到了原德国工程技术人员坦因斯曼。坦因斯曼当时就职于一个小工厂,他到现场后,在马达旁边听了听,一会爬上爬下,最后在马达的一个部位写下几个字——这儿的线多了 16 圈。将多余的线去掉之后马达旋即正常运作。福特十分欣赏斯坦曼斯的才华,为了得到这个人才,他不惜出重金买下那个工厂。

人才对于企业的重要性不言而喻,李书福对人才锲而不舍的追求和亨利·福特不惜重金求得人才有着异曲同工之妙。同样,发展迅速的企业也把人才的引进和培养放在了首位。企业要想长足的发展,人才不可或缺,作为企业老板,礼贤下士、招募人才是明智的选择。

3. 合理建议要采纳

李书福的用人理念是,人人是人才,人人是老师,人人也是学生。吉利尊重每个员工的个性和经验,从来不搞一言堂。李书福尽管对认定的事情义无反顾,但他的偏执不乏理智,对于企业员工的合理意见,他能够冷静地思考,对于自己的失误也会接受批评并虚心改过。

据吉利内部人士透露,李书福对尹大庆这位主管财务的高管十分敬畏,尹大庆也坦言:"我总会和董事长李书福争吵,砍掉那些不需要用钱的项目,以保障重大项目的资金需求。"李书福易于萌动投资热情,但是他也能听进去像尹大庆这样具有丰富经验的人才的合理建议,因此,吉利在财务等方面才能处于安全的境地。

作为企业最高管理者,能够合理采纳下属的建议,才能让企业更好地运转。"以铜为鉴可以正衣冠,以古为鉴可以知兴衰,以人为鉴可以明得失,以史为鉴可以知兴替",作为企业管理者也应该像唐太宗那样广开言路,让自己的决策更加合理,让企业的生存不偏离正确的轨道。

4. 用人不疑,疑人不用

用人不疑,疑人不用,这充分体现了企业领导者对员工的信任。只有建立在信任基础之上的放手任用,才能使员工最大限度地发挥其自身的主观能动性和创造性，甚至可以超水平发挥，取得巨大的成绩。

　　吉利主管人力资源的魏梅刚到吉利时，对吉利的整个人力资源体系提出了质疑。李书福对此虽有疑问，但仍坚定地让她放手一搏。从魏梅这一事例中，可以洞察到李书福用人不疑的态度。而如此多的"空降兵"能够在吉利发挥各自所长，在很大程度上也得益于李书福在人才策略上的孜孜以求。

　　领导者的做人之道、用人之计和管人之法是最令人瞩目的三大焦点。企业的竞争，说到底就是人才的竞争。人才难求，因此一旦求得就应该学会爱才、惜才，并做到知人善用，人尽其才。如果人才的特长得不到发挥，即使有更多的"空降兵"加盟也无济于事。因此，"用人不疑，疑人不用"是企业管理者应该坚持的用人原则。

第三篇
偏执的行动者：
打破"蛇吞象"的失败魔咒

从李书福的创业史一路看来,他的每一次进军,都是一曲"以小搏大"的凯歌。这其中自然不乏他对市场冷静、深入、客观的分析,但敢于去赌的"赌性"则是一剂催化剂,促使他转战各个行业的行动落到实处。

从他在一次接受采访的话语中,我们可以窥伺到这个特殊"赌徒"的内心世界:"小时候,在七八九岁的时候,比方说我赢了一块钱,就全部再押下去;变四块了,全押下去;八块,再全押;十六块,再押;直到赢得三十二块。有些人赢了一块钱,就押五毛了,再赢了就押两毛了,再赢了就押一毛了。明显他赢的钱比我少得多。但是我这种做法,可能最后一次全输了;他们这种做法,或许还有剩余。现在为了我们吉利汽车,所有产业,我全押上去了,可能五年之后,我变成一个穷光蛋,或者另一种结果是我非但没有变成穷光蛋,吉利的资产还翻了好几番。"

这种心理让他敢于涉足不同的行业,无论是冰箱、摩托车还是最终选定的汽车,这种敢闯敢拼的赌性都渗透其中,他的偏执一次次地放大。创业者在创业路上,不妨也给自己些敢于赌博的勇气,偏执一次;当然,在选择"以小搏大"之前,要有足够的行动依据和商业眼光,盲目地凭着蛮劲去赌,大抵逃不出倾家荡产的悲剧命运。

这位偏执的行动者除了敢于转战多个行业,多次做出以小搏大的传奇之举外，在百年一遇的金融海啸来临之际，他的举动也让旁人看了吃惊。很多企业在这场金融危机中选择了瘦身，但是李书福等少数的企业家选择的却不是"猫冬"，而是逆势而上，不断扩张、圈地，其招数之奇、险一招胜似一招。但是，在这个寒冷的冬天，吉利挨了过来，最终化险为夷，占领了汽车界高地。

逆势之下，李书福选择了扩张之路，自身也承担了巨大风险。扩张过劳死的案例不在少数，因此要十分谨慎，尤其是在金融危机这个大环境之下。在这里，李书福偏执于一件事情的个性，让他铸就了一个个奇迹。

牵手国润，在香港顺利上市；联手高盛，让其成为吉利的战略合作伙伴；并且进一步展开全球大收购……正如李书福所言："汽车工业必须全球化，不全球化就没有出路！"因此，吞并英伦锰铜，并购澳洲DSI，再完美收购中誉汽车，李书福把并购演绎得轻车熟路，这也为他后来成功并购汽车豪门——沃尔沃埋下了伏笔。

在吉利与沃尔沃的交割仪式上，李书福不无感慨："对于吉利来说，这是具有重要历史意义的一天，我们对能够成功收购沃尔沃轿车公司感到非常自豪。这一瑞典的世界级知名豪华汽车品牌将坚守其安全、质量、环保和现代北欧设计这些核心价值，继续巩固和加强沃尔沃在欧美市场的传统地位，积极开拓包括中国在内的新兴国家市场。"

这一天的到来，让业界人士对吉利这个后起之秀刮目相看。这一"蛇吞象"的壮举，离不开前期的准备以及团队的精诚协作，而李书福的偏执，更是铸就这个奇迹的内在因素。

以中国小个子民营企业的身份，吉利居然可以从众多实力雄厚的竞购者那里胜出，并最终以百分之百的股权实现并购，为这次举世瞩目的海外并购画上完美句号——这一切看似神奇，事实上却是一次步步为营的商业行为。

第七章

以小搏大——李书福的资本博弈战略

不可或缺的"赌性"

我是农村来的,你说我怕什么？失败了没有关系,回去种地、养鱼、养虾,承包两亩地,一亩地种菜,一亩地种水稻,怕什么呢？有吃有喝。

——李书福

许多投资人在做股票或基金投资时,最容易犯的错误就是把以小搏大和以小搏大混淆。这两者可以简单概括为:以小搏大,叫做投资;以小搏大,叫做投机。投资和投机的心态和方法迥异。从心态上来说,投机是想通过一笔小钱快速积累大的财富,本质上是在赌运气,而运气的报酬率一样可以通过理性来设算。以小搏大就是用越少的钱,以越快的速度搏到越多的金钱。

李书福也在赌运气,当然除了敢赌,还在于他善于挖掘机会,胆大的同时还小心翼翼,从而避免了很多雷区。他涉足多个行业,每次都是通过很少的资金开始创业,但是总能快速赢得财富。最初他用 120 元为自己淘来第一桶金,到后来的 1 亿元撬起的汽车帝国,都是以小搏大的有力佐证。同时,在他又一次以小搏大的经典案例中，又渗透着他的资本博弈之道。

对于企业发展，资金链是一个永不衰落的话题，它是企业生命的天使，也是夺命的魔鬼，与企业如影相随。所谓资金链，就是指现金—资产—现金的循环，企业要想保持良性运转，资金链畅通是首要条件。一旦资金链发生断裂，企业将面临生死之战。资本博弈的过程，事实上就是杜绝资金链断裂的过程。

在旁人看来，这个草根企业家像"赌徒"一样在各个行业进行着一次次"生死"博弈，资金链随时可能断裂，然而他却每次都把赌注下得很大。这除了他胆子大之外，还在于他每次决定干一件事情时，都能够通过精准的商业眼光制定策略，并能抓住机会。这在旁人看来简直不可思议，觉得他只是靠运气赢的"赌徒"。比如，决定造摩托车时，就有人这样劝他，不要"千年砍柴一日烧"；他要践行造车梦时，又有人说，吉利造汽车无异于自杀，但是他就是要干，他坚信自己的商业眼光，并且敢于去践行。

的确，李书福的胆识和魄力不仅来自于他的"赌徒"心理，更离不开理智的思考和冷静的分析判断。只是，很多时候我们容易被表象所迷惑，以为他一直在赌运气。但无疑，这种赌性给他创造了更多实现"以小搏大"的机会，赌性，也是他偏执的体现。

李书福的很多行为让人无法理解，不过他有自己的注解："因为我是农村来的。我来自台州，你知道台州在哪里吗？浙江的台州是一个农村，我从田野中来，你知道田野吗？城市中心是没有田野的，离开城市就有田野，田野里面有泥鳅、有青蛙、有蛇、有鱼，有各种各样的东西。我是在这样的环境里面成长起来的。你说我怕什么？失败了没关系，回去，我种地、养鱼、养虾，承包两亩地，一亩地种菜，一亩地种水稻，怕什么呢？有吃有喝。"

这就是他的信心来源，也是他在机会不大的情况下敢于"以小搏大"的力量源泉。创业可能会失败。每个创业者都曾预料过,但是对于李书福来说,失败了也没什么,本来就一无所有,来自田野,可以再回田野去,通过种地依然可以衣食无忧。当一个人把一件事情最坏的结果想到了并能承受时,也就无惧于失败了。

很多时候,创业者下不了决心去做,就是因为害怕最后可能会失败,于是畏首畏尾,不敢放手一搏,在这个过程中也就错失了很多机会。李书福敢于破釜沉舟,认准了就去干,当然,敢于去干的前提是理性分析,即这个事情的执行有根据,不是盲动。他能够在旁人看来条件不具备的情况下做到以小搏大,这其中蕴含的偏执智慧值得每个人深思和借鉴。

案例1·120元淘来第一桶金

对于创业者来说,原始资本的积累是企业成长的关键。如何淘到第一桶金,是无数创业者探究的终极命题。原始资本的重要性,对创业者来说怎么强调也不过分。李书福第一桶金的攫取,对其未来事业的发展有着至关重要的意义。

1982年李书福高中毕业,这一年他19岁,向父亲要了120元钱,便像所有浙江生意人一样开始了创业生涯。他用这120元买了架海鸥牌照相机,在台州走村串户给别人拍照赚钱。尽管李书福拥有和一些国营照相馆相同的海鸥牌照相机,而且在街头巷尾给大家照相很方便,照出来的效果也比照相馆呆板的背景好很多,但是在那个年代,由于他没有国营的招牌,只能四处游荡,过着被大家称为"野照相"的生活。

会讲故事的台州人把李书福的这段创业历程说成是一个背着相机的年轻人到处在公园转悠,见到有逛公园的就上前拉着说:"来,来,同志过来照张相。"这样的生意人在现今的一些二级城市的公园里依然可以看到。

在20世纪80年代,改革开放刚刚起步,可以说遍地是"黄金",只要稍微不安分,具有创富梦想并付诸实践的人都能在商业领域找到属于自己的机会,掘到金子。李书福偏执的商业天分,那时已经开始显露。

"野照相"收入并不稳定,但是别人没有想到的是,当时李书福的收入比起大部分时间用来务农的同乡来说相当可观。一年下来,他赚到创业以来的第一笔钱——2000元。2000元在当时已经是一笔很大的数字。那个年代,一名技术人员的月工资最多不过50多元,这就是全部的收入,根本不存在今天职场中的奖金和分红之类的额外收入。因此,李书福的年收入已经赶上当时四五个白领的年总收入了。

李书福的家乡——浙江台州,当时是一个十分偏远的山区,这里人多地少,而且没有多少工业,像李书福这样的年轻人很少能进入当时人们羡慕的工厂工作。正是由于这个原因,台州这个主要以农业为主的地区很早就出现了大批经商的农民。李书福的一个同乡就是这样,据这位同乡描述,他白天在地里正常干农活,但是一有空闲,就到苏州的国有工厂里批发一些纽扣,拿到集市上去卖。这样的小生意一个月只要干上三四回就比三个月的农活赚的钱多,这样的情况在当时的台州非常普遍。

李书福选择创业,一方面受当时台州的环境和周围人的影响,另一方面也在于他对致富梦想的追求。正如他所说:我是在浙江台州一个贫穷落后的山村长大的,第一不怕苦,第二不怕穷,第三当然更喜欢致富了!因此,他敢闯敢拼,豁得出去。

在那时,他的偏执表现为:不甘于现状、不容易满足。虽然"野照相"让他一年赚得了2000元,但是他要赚更多的钱,就像他七八岁赌钱时的心理一样。他打算把照相挣来的几千块钱作为本金开一个自己的照相馆。

想要开一个照相馆，就需要购买冲印、反光等一系列设备。为此，李书福专门去了上海一个叫"冠龙"的摄影器材商店，但是他身上的几千块钱显然不够买到开一个照相馆所需要的所有设备，这一次上海之行，他实际上只买回来一些灯泡。

虽然资金不够买所有的设备，但是这完全没有让渴望拥有照相馆的李书福就此放弃梦想。他自有自己的一套方法："那个反光罩我不买，因为它太贵了，我记得那时候1000块钱一个。我去找了个敲铁皮的，让他给我敲那个东西，很便宜，两块钱就敲出来了。这个东西很简单嘛，再装个灯，用管子装起来不就是灯光了吗？照相机，我们以前的照相机是自己生产的，我去买一个镜头，然后买个老虎皮，后面加一个装胶片的东西，齿轮自己做，这样几百块钱就做了一个照相机，质量没有什么不一样，反正我认为是一样的。它的根本原理我没有破坏掉，只不过这个照相机比较难看一点而已，对不对？然后用一个布把它罩起来。其实用一个黑布把它罩起来也看不出那里面是什么东西，照出来的东西也不错。"

李书福动手能力很强，他可以自制照相机、搭建照相馆，后来敢于拆汽车做研究，甚至敢让钣金工担任汽车的设计师……偏执的个性让他敢于去赌、去闯。

有了自己的照相馆，李书福再不必骑着自行车四处招揽生意了。在这样相对平静的生活下，不安分、善于思考的李书福发现，冲印照片的显影液里有银的成分，用氯化钠可以把银离子以氯化银的形态分离出来，这个方程式在高中化学课本中学过，操作起来很简单，而且通过这种方式提炼出来的银纯度特别高。因此，通过提炼显影液中的银，李书福赚得了比开照相馆多很多的钱。

1983年，李书福成为台州地区掌握这项技术独一无二的人，为了赚更多的钱，他干脆把照相馆关闭了，并用开照相馆赚得的钱投资做起了提炼金银的买卖。照相馆生意很不错，如果安于现状，也可以过得很好。但是，李书福是一个愿意去赌的人,他不怕输。于是他义无反顾地关掉了照相馆,并把那架九成新的相机以50元的低价卖出。决定要去干一件事情,就要把自己的退路堵住,并倾其所有去干,这就是他的成功之道。

很快,李书福把从显影液中提炼金银这项新业务扩大到整个台州地区,并找到了销路。后来有人这样回忆说:"李书福把全台州的显影液都收购走了。"他不仅把目光放在显影液上,还把目光进一步扩大到台州和温州的废旧电器上。

李书福在一次接受采访时表示:"我们那个地方有卖旧的设备电器的,他们只知道做生意,拿来卖掉就不去想了,其实那里面有一些好东西呢,他们不知道怎么去发挥,怎么去利用。我有一点点小聪明,比方说,电器里面有黄金有白银,这些东西他们不知道怎么去提取,怎么去把它们弄出来。有些是电镀镀上去的,有些是镶嵌在各个地方的,我把它们弄出来,再卖掉电机,黄金白银也可以卖钱。"在他眼中,到处都是商机。

但是需要指出的是,李书福做这种买卖实际上一直游走在政策的边缘。到1999年11月25日之前,我国政府为稳定市场,对民间的黄金白银交易实施禁止的政策。他的这次创业,冒着风险。然而,他的这一做法也引来很多效仿者,在台州做这种生意的人也多了起来。如今,李书福回忆那段岁月后表示:"当然后来人家也懂了,我一弄人家也学了,学就学吧,我就不搞了。以前我胆量也比较小,我不太懂嘛,就让人家去搞。"

从1982年到1984年,李书福从一个骑着自行车的"野照相"转变为一个远近闻名的万元户。作为中国改革开放的第一代创业者,他身上有着深刻的历史烙印,白手起家,为了解决基本的生存问题,甚至在政策的边缘游走,但是他又有着冷静的头脑,心怀不断开拓的理念,同时也知道适可而止。

从120元的创业基金开始,李书福用了两年的时间,就为自己掘到了第一桶金,为他进入电冰箱行业积累了资本。他凭着一股敢作敢为敢赌的闯劲,在改革开放初期的商业活动中表现得淋漓尽致。

案例 2·装潢材料起家的二次创业

到 1984 年,中国改革开放已经经过六年的时间,国有企业的工人开始加工资,农民的收入也开始上升,家用电器——电视、冰箱和洗衣机等开始进入人们的视野,成为畅销品。李书福有着灵敏的商业嗅觉,在这样的大背景下开始涉足冰箱领域。

创业环境是创业成功的必备条件,区域经济、社会、人文、自然等环境的差异是决定创业者选择创业项目的外部环境。创业者需要在进入某行业前,对这个行业的情况进行全面的分析,包括对国家的宏观经济政策、产业政策、行业总体规模等的把握,以及对这个行业的特点、盈利模式、劳动力供给、管理模式等的判断。创业者只有做到对行业的充分了解,才有可能降低创业风险。

而李书福决心进入冰箱领域,除了他对这个行业外部环境的精准把握之外,更多的是一种巧合。吉利内部有这样一种说法:一个下雨天,李书福的皮鞋进水了,想找一个家庭鞋厂定做一双结实耐用的新鞋。他找到一家鞋厂,那时正好有 4 个工人在做冰箱的一个电子元器件。李书福在和这几个工人闲聊时得知,这个元件很赚钱,而且供不应求。因此,他萌生出生产冰箱元件的念头。

于是他说干就干,凭借之前做生意积累下的资本,开始在家里用各种锤、工具夹、钻、铣、磨,然后把生产出来的冰箱配件用一个大帆布包带到台州的冰箱厂卖,生意很不错。后来,李的四兄弟也加入进来,成立了台州石曲冰箱配件厂。因为冰箱热销,配件厂的营业额很快上了台阶。李氏工厂生产的关键配件——上蒸发器占据了市场的核心地位,到 1986 年,台州石曲冰箱配件厂的产值已经高达四五千万,在当地很有名气。

但是李书福并不满足于小打小闹,1986 年,他开始自己的另一个梦想——做冰箱。李书福的偏执个性和"疯狂"举动第一次在李氏家族内部显现出来。生产冰箱零配件让李氏兄弟赚得盆满钵满,而石曲冰箱配件厂也逐渐成为浙江省首屈一指的制冷元件供应商,生意甚至拓展到上海、山东的几家冰箱大厂。

李书福要自己做冰箱,遭到李氏兄弟的强烈反对。台州地处偏远山区,交通极为不便,再加上台州缺乏生产冰箱的人才,因此李书福的这一决策显得有些自不量力。但是他执意要做冰箱,很快就组建了黄岩县北极花冰箱厂。当时任乡公办主任的张桂明回忆说:"书福当时已经不满足现状。1986 年,书福建议生产冰箱,但几位股东不同意。书福就和二哥胥兵一起,另外组织了一批人生产下蒸发器,同时研制冰箱,不到一年就取得成功,创办了黄岩市制冷配件厂,1987 年下半年,开始生产冰箱,叫黄岩县北极花电冰箱厂。当时的冰箱十分畅销,四兄弟又于 1988 年下半年合了伙。到 1989 年 5 月,冰箱销售额已达 4000 多万元,并与青岛红星厂合作,为红星厂生产冰箱、冰柜。"

李书福是那种赢了就要赢到底的人,从他大刀阔斧地进军冰箱业即可得知。但是,1985 年左右,电冰箱属于国家统一配售商品,民营企业不可能获得政府有关部门的批准,因此他这次进军电冰箱行业也是在冒险。

到 1989 年,电冰箱生产非常成功,北极花冰箱已经成为当时国内冰箱行业的名牌产品,吉利集团一位老员工这样回忆:"当时的效益非常好,一年营业额有四五千万元。"那一年,李书福 26 岁,这位冰箱厂厂长已经成为一个十足的千万富翁。但是,李书福的冒险也让他付出了代价。

1989 年 6 月,国家实行电冰箱定点生产,北极花电冰箱是民营企业,自然没有被列入定点生产的企业名单。因此,李书福被迫放弃了正处于发展高峰的工厂。

"我那时候是真傻,把工厂、库存、土地连同厂里的存折都上交了政府。"李书福回忆起那段历史,无不为当年的放弃而后悔。当时生产冰箱的广东科龙同样没有被列入定点名单,但是由于坚持,最终获得了生产资格。也正因为这次特殊的经历,李书福在造车得不到准生证的艰难时刻没有轻易地选择放弃。

后来,关闭了冰箱厂,李书福怀揣上千万元来到深圳,开始在大学进修深造。在深圳学习期间,因为打算装修宿舍,他和同宿舍的几个同学一起来到建材市场,发现当时高档的装潢材料如镁铝曲板等都是进口材料,而且价格很贵,暴利惊人。空白的行业属于一片蓝海,李书福因此产生做建材生意的想法。当时他的同学觉得这一想法不可思议,笑着说:"这些高档的东西中国人怎么做得了?"但是李书福偏执的个性,他立马放弃了在深圳大学的学习,决定开始做这种建材生意。

李书福用他的商业眼光判断出装潢建材市场有很好的前景,做这种生意一定能够赚很多钱。20世纪90年代,中国东南沿海城市掀起了房地产热,购房之后就要装修,于是给建材行业带来了商机。同时,国内也正处于一个住房条件大改善的时期,随着改革开放国有企业有了长足的发展,为几十年没有改善住房条件的职工分了房子。于是,中国城市居民纷纷为自己的房子进行装修。

建材生意在当时的中国是一片蓝海,有巨大的生长空间,这种外部环境很适合装潢材料生产,因此,李书福果断地抓住这个机会。回到台州,他联合兄弟开始重新创业,倾囊2000万元成立装潢材料厂,生产镁铝曲板这种建材。张桂明回忆说:"1990年,书福和二哥胥兵商量后决定开发镁铝曲板新产品,这种装饰材料当时的价格很高,而成本却很低。当年5月4日,黄岩市吉利装潢材料厂成立。他们组织了一批人马,到各地去学技术,胥兵则带了一批技术人员关起门来搞研制。他们足足搞了一年多时间,把钱都花完了,一直到1991年9月,眼看着已经到了山穷水尽的关头,镁铝曲板研制成功了。到 1991 年年底,就销了 800 多万元,1992 年销售额达 7000 多万元,1993 年达 1.5 亿元,2001 年的销售额是 3.4 亿元。"

研制成功的第一张镁铝曲板,各种质量指标都可以和进口同类材料媲美,而且李书福装潢材料厂生产的镁铝曲板的市场价格只是进口材料的 1/3,于是很快畅销全国。这一新的"聚宝盆"每年给李书福带来利润近亿元。

如今,黄岩吉利装潢材料厂已经更名为国美装潢材料公司,由主要生产镁铝曲板转向生产铝塑板等其他装潢材料。装潢材料至今仍是吉利集团的支柱产业之一,每年可达 5 亿元产值,贡献 5000 万元以上的利润。在李书福的带领和推动下,浙江台州地区也逐渐成为中国最大的装潢材料生产基地。

李书福是一个具有独特商业嗅觉的人,从根本上来说,他的二次创业得益于房地产业在中国的崛起,中国人均居住面积的增加和住房条件的改善为装潢建材提供了商机。这里,他的偏执智慧表现为:他比别人早半年发现这个机会,并牢牢地将其抓住。通过装潢材料生意,他获得了丰厚的利润,实现了第二次创业,为他日后进军摩托车行业和汽车行业做好了准备。

案例 3·1 亿元撬起的汽车帝国

1993 年的春节,李书福在与一名员工闲聊时说道,等装潢材料市场稳定之后,还可以进军哪些行业。他得到的消息是,国产摩托车的质量不如美国,这里可能会有商机。

此时,中国的摩托车行业已经初具规模。随着经济的发展,市场开始活跃起来,货物的短途运输变得很迫切,而摩托车则成为很多个体商贩和农民的最佳选择。但是,这些摩托车主要来自于与国外厂商合资的国有工厂。天津和四川有很多厂商通过合资的方式生产摩托车。在初期摩托车价格十分昂贵,主要客户是有运输需求的商贩。

随着中国民用工业的兴起,摩托车行业的零部件生产逐渐向国内厂家转移。浙江温州成为生产此类产品的主要地区。到1993年,浙江台州已经有很多私人工厂开始为摩托车生产配件,尽管还戴着"红帽子"。摩托车行业随着国产化的行进,产品价格开始下跌。

得知这个消息,李书福一开始也想做摩托车配件。于是,他去一家大型国有摩托车企业参观考察,看到摩托车产销两旺的势头,就向该企业老总提出可以为他们做车轮钢圈的配套,却遭到对方的嘲笑:"这么高技术含量的配件岂是你们民营厂能完成的?该做什么还做什么去!"对方认为一个外行根本不可能生产这种配件。

面对这样的嘲讽,李书福并没有气馁,而是一回到台州,就大胆地提出自己要造摩托车整车的想法。他和在一起合资开装潢材料厂的兄弟商量,却遭到兄弟的反对,大家觉得李书福不自量力。但是,他决心已下。很快,他从广州买回来几辆摩托车,逐一拆开研究,然后依葫芦画瓢造出来,接着再改进。造摩托车的过程和他后来造汽车是一样的,而且同样也遇上了"红灯"——没有摩托车生产许可证。在四处碰壁后,他另辟蹊径,以数千万元的代价收购了浙江临海一家有生产权的国有邮政摩托车厂,借船出海。

进入摩托车行业后,李书福率先研制成功四冲程踏板式发动机,他的摩托车厂成为国内第一家生产踏板式摩托车的厂家。到1998年,他的摩托车年产量最高可达65万辆,产值连续几年高达20亿~30亿元,并向22个国家大量出口,跻身全国民营企业前四强。

李书福凭借过人的胆略和智慧,从开照相馆到做五金生意,再到冰箱行业、装潢建材行业以及摩托车整车生产,他的行业转换速度之快,企业发展之迅猛,除了得益于他精准的商业眼光外,更离不开他血液里流淌着的豪赌基因。他几乎每次决定干一件事情,都会遭到周围人的质疑和打击。但是,他的偏执在于,对他认为可行的事情,只要做出决定,就会去做,而且不惜押上以前奋斗的成果。他的行为不断印证着"只有偏执狂才能生存"的说法。

到 1996 年,李书福做出了一个在旁人看来更为"疯狂"的决定——造汽车!一句"汽车不过就是四个轮子加两张沙发"的言论立时震惊四座,他也因此获得了"汽车狂人"的称号。

李书福从小喜欢汽车,小时候用泥巴捏汽车,高兴的时候还用绳子牵着满地跑。而他萌生造汽车的念头,则可以追溯到 1989 年的深圳学习期间。那时,他花 6 万元买了一辆深圳产的中华轿车,后来面对媒体,他说:"我看了一下,并没有多少高深技术嘛。"不过那时造车只是一个构想,条件还不成熟。在有了装潢材料和摩托车所带来的丰厚利润之后,他的造车梦渐渐变得成熟起来,于是义无反顾地决定杀入家用轿车领域。

决定造汽车的时候,李书福事实上只有 1 个亿的启动资金。虽然 15 年的创业和磨炼已经让他成为一个名副其实的有钱人,但是,他的这些钱如果投入到汽车领域还是显得微乎其微的。2005 年,政府为汽车业设立的投资门槛是 20 个亿。1997 年,李书福踏足汽车行业时的财富积累大约在 1 亿元左右;到 2005 年,他的个人财富才刚过 19.2 亿元。资金的不足是当时一个极为客观的问题。

回忆那段和兄弟、董事会商量造汽车时的情景,李书福感慨:"出于对我的尊重,董事会同意可以试一下,但不能投太多。投一些钱进去,准备前期亏 1 亿元,行或者不行,基本苗头就出来了。走一步要成一步,我们败不起呀!"

用 1 个亿就想造汽车,在别人看来简直是天方夜谭,尽管当时他向外界宣称的是 5 个亿。因为造汽车和造冰箱、造摩托车不同,不仅需要大量的资金,还需要大量的技术人才。1996年,国家总投资十几个亿,再加上上海汽车制造厂大量的人才和几十年的经验才成功生产出桑塔纳轿车。如今,李书福宣称用5个亿造汽车,而且既无经验也无人才,不能不让旁人看了觉得"疯狂"。

当时为了获得汽车生产执照,李书福跑到北京各大部委申请,得知他打算投入5个亿生产汽车时,客气一点的官员就劝他回去安心地造他的摩托车,不客气的官员索性直接将他轰走。一次他去上海采购配件,一个工程师听说他只拿5个亿就想造出车来,扭头就走。但是这些经历并没有让李书福退却和放弃。

董事会通过造汽车决议后,李书福首先想到的是人才。他把吉利摩托车的员工名单查了个遍,终于发现有三个人有过汽车业的从业经验,李书福如获至宝,把这三个人叫到自己的办公室,坦言要生产汽车。三个人被他的话惊呆了,于是他赶紧安慰:"没关系,你们别多想,也别多说了,你们照我的思路去做,失败了也没关系,大不了就是把钱花掉了。"这样总算暂时解决了人才的问题。

牌照和资金成了摆在李书福面前的两大难题。这些在第一章的案例中都有阐述,他通过"借壳生蛋"的方式,像造摩托车一样绕着弯先造起车来,结合著名的"老板工程"战略,为吉利造汽车解决了资金问题。

资金对于创业者十分关键,如何吸引和获得创业资本,是创业者十分关注的问题。首先,创业者必须有诚信意识,有好的人品。因为人是一切要素的载体,创业项目和创业模式都是由人想出来的,创业者的真诚和信用程度是获得创业投资的软件因素。以诚信为主调的人格魅力往往特别受投资人的重视,也最容易吸纳创业基金。李书福通过"老板工程"为自己解决了创业之初资金匮乏的难题,靠的就是他的人格魅力和诚信意识。

除了牌照和资金等问题外,吉利造车的条件也很艰苦,从临海的几百亩空地上白手起家。而汽车的设计师同样让人大跌眼镜,李书福对此毫不遮掩,由钣金工敲打汽车已写进了吉利的创业史。真正的汽车"准生证"是李书福最为期待的,为此他奔走呼号,终于在中国加入世贸组织的时候获得。到那一年,距离吉利的第一辆汽车——豪情的面世已经过去了三年多的时间。

如今,吉利汽车不仅成为老百姓买得起的好车,同时也在践行着走出国门、跑遍全世界的梦想,成功演绎了民族自主品牌的强国之路,并且正在向高端汽车领域挺进。李书福当年凭着一腔热血,情愿赌上身家性命也要完成"造车梦"——正是他的偏执让他不断学习,进而创新,最后达到领先。

现在,吉利集团已经成为涉足汽车、高等教育、摩托车、装潢材料等领域的汽车帝国。李书福以他的偏执智慧与行动将很多看似不可能实现的梦想变成了现实。这一切离不开他对汽车行业的独到见解,以及"以小搏大"的商业智慧和魄力。

本章启示

李书福从 19 岁开始创业,一路下来辗转多个行业,每次转行都是一次全新的开始,但是他却能十分自如地转换。刚刚高中毕业的李书福用父亲给他的120 块钱买了架照相机,然后骑上一辆破自行车满大街给人拍照;一年后自己开了照相馆,实现了与国营照相馆老板平起平坐的愿望;两年后,开始倒腾电冰箱零部件,最终组建了自己的冰箱厂。1989 年,李书福 26 岁,那时他的身份是北极花冰箱厂厂长,同时也是一名真正的千万富翁。他的资产随着不断转换行业而呈几何倍数增长。

自然,他也遭遇过人生的坎坷和事业的挫败,最惨痛的一次是在 1992 年的海南房地产。他带着热情想大干一场,但是那次他被自己的无所畏惧欺骗了。

那一次海南之行几乎赔光了他之前赚到的所有的钱,不过也坚定了他走实业这条路的决心。1993年,他瞄准摩托车行业,随后又向汽车业进军,成为如今享誉国内外的汽车大亨。他这一系列以小搏大的举动,几乎让所有的媒体都形容他为"偏执得近乎疯狂"。

李书福这样总结自己的创业历史:悲情万种、困难重重、希望在人、成功在天。创业者的道路各不相同,而李书福辗转多个行业都能获得成功,这离不开他精准的商业眼光和敢闯、敢赌的秉性,以及对财富追逐的激情。

通过本章案例,我们可以得到以下这些启示:

1. 学习以小搏大的资本博弈之术

以小搏大,是毛泽东军事思想的特点之一。同样,在资本市场上也可以实现以小搏大,这就需要企业家具备一定的资本博弈之术。

资金链是企业可持续发展的血液,也是决定企业命运的关键环节。资金链一旦断裂,企业所有的技术研发、新品开发、利润等都将成为纸上谈兵,企业势必将面临一场生死之战。在资金极其短缺的情况下,如何让企业正常运转,甚至快速向前发展,而不至于发生资金链断裂的危险?这是企业家十分关注的问题。

李书福能够用1个亿撬起一个庞大的汽车帝国,正是以小搏大的典型案例。造车之初,没有"准生证"的吉利得不到银行的贷款,1个亿的启动资金与资金密集型的汽车行业相较差距太远,应势而生的"老板工程"为吉利吸收了大量外部资金。所谓"老板工程",实际上就是一种变相的民间集资方式,为吉利解决了创业初期的资金问题,这一次博弈最终成就了李书福的汽车帝国梦想。

2. 塑造成功者的心态

拿破仑·希尔说过:"人与人之间没有太大区别,只有积极的心态与消极的心态这一细微区别,但正是这一点点区别决定了20年后两个人生活的巨大差异。"心态对一个人的成长十分重要,李书福的豁达心态让他敢于去闯,对失败不畏惧,从而让他的事业获得了不一般的成功。

在李书福看来,无限的风光就在于攀越成功与失败之间的险峰。创业者如果能像他这样看淡得失,端正心态,去追寻和体会创业的过程,就会放下很多包袱,轻装上阵,也更容易取得成功。

3. 敢于搏击,赢了还要赢

商业投资需谨慎,但是有时也需要投资者拥有敢于搏击的魄力。不去尝试和挑战,永远不知道前方的风景。李书福敢于一次次押上先前积累的财富并全身心投入到下一个行业,创造了他创业史中一个个"以小搏大"的奇迹,就在于他敢于破釜沉舟,赢了还想再赢。有时成功确实需要这种偏执精神。

第八章

合纵连横——扩张之路

选择"冬泳",让"冬天"不冷

扩张中不忘谨慎,谨慎中不忘扩张……我讲求的是在稳健与进取中取得平衡。船要行得快,但面对风浪一定要挨得住。

——李嘉诚

逆势之下,扩张还是瘦身,这是个问题。

百年一遇的全球金融海啸席卷而来,打破了很多企业的如意算盘。在不堪忍受之下,许多企业迫不得已选择"冬眠"的方式来保存体力,裁员、减薪也成为很多企业活命的第一选择,经济冬天的瑟瑟寒意最终通过"瘦身"这个无奈之举转化为个人的切肤之痛。

同时,机会也悄然来临。正如沃伦·巴菲特所言:如果你痴等知更鸟的叫声,那么春天将会过去,经济危机恰恰是抄底的黄金时代,大量的失业人口、堆积如山的原材料、闲置的机器与厂房,只要把这些生产要素组合起来,就能在被毁灭的阵痛中复活。天降大任于斯人,或许进行毁灭性创造的重担将落在中国企业的肩上。

而一个企业应对危机的能力如何,则是检验这个企业的真正实力和发展战略成功与否的直接方式。正在大家寻找各种方式御寒之时,李书福又一次选择了特立独行。他反其道而行,不仅没有缩减企业规模、裁减员工,而是选择趁危扩张:2009年4月成功收购DSI;2010年2月收购中誉汽车100%股权,从此正式进入中国专用车市场;连续在湘潭、兰州、慈溪、济南、成都、桂林等地建立了生产基地。

李书福表示:"吉利的发展战略是'总体跟随、局部超越、重点突破、合纵连横、招贤纳士、后来居上',这个总体战略是长期以来确定的,所以收购海外一些陷入危机的或者其他的汽车集团公司,假如我们有这样的能力、实力去收购的话,我们会去做的。"于是,他学习纵横家之策略,开始了一段合纵连横的扩张之路。

随着愈演愈烈的全球金融危机,股市大幅下跌,消费者的购买能力在不断缩水……各行各业都在为这个冬天准备棉衣,希望能够安然"过冬"。但是在汽车业尽显"疯狂"本性的李书福选择了大肆扩张和圈地,他要凭自己的实力和胆识进行"冬泳"。而事实也一再证明,他的合纵连横之路是成功的。2008年上半年,吉利实现销售121690辆,同比增长11.8%。在大家都在为寒冬的谷底销量担忧之时,吉利却超额完成了既定目标。

在这场百年不遇的金融风暴中,李书福选择了艰难逆行,并且大肆扩张。经济萧条对于一些企业来说,或许只是在毁灭中消亡;而对于另一些人来说,可能是在毁灭中创造。偏执的李书福属于后者。

当然,历史上也不乏扩张过劳死的案例,比如德隆的唐万新,就是一个不折不扣的扩张理想主义者。然而由于没有建立起与之规模相配套的管理机制,因此进行产业整合的决策大都流于空谈。同时,实业为德隆所带来的稳定收入,对于德隆为维持高股价而产生的日益高昂的费用来说只是杯水车薪,德隆负债累累,资金链屡屡出现危机,唐氏帝国在一次一次的扩张中轰然倒塌。

在全球金融危机时刻,哪怕一些企业是资本黑马,如果扩张无度,一样会遭遇资金链断裂的灾难。改革开放30多年来经济的突飞猛进,出现了很多期望将企业做强做大的企业家,这些企业家太想让企业枝繁叶茂甚至独木成林,什么赚钱就着手干什么,却忽略了企业的根基是否够深够坚实。

因此,扩张与风险并存。企业家需要用清醒的头脑去辨识,而不是盲从或仅凭冲动去干事业。李书福在选择扩张之前做过一番衡量和考证,他或许偏执、疯狂,但从不失谨慎。

案例1·上市——资本造血药方

阿基米德有句名言:给我一个支点,我可以撬动地球。对于民营企业来说,这个支点就是上市,借助上市的力量,为企业融得后继发展资金。同时,为企业的健康而有序地发展提供监督机制,促使企业更好地发展。

2002年,李书福终于拿到了生产汽车的许可证,但是刚刚拿到许可证的吉利并没有多少钱。造车不同于李书福以前所从事的那些行业,需要大量的资金。在此之前,吉利主要依靠公司不多的盈利在支撑,吉利几年来一直在经营微型车,盈利并不多,就是用所有的盈利作为投资也是杯水车薪,而且一直以来的低价策略进一步压缩了吉利的利润空间。因此,产品升级成为李书福的一个必然选择。得到许可证的时候,正是吉利缺钱的时候,而许可证的获得意味着吉利聚集各种社会资源成为了可能。吉利总部搬迁到杭州不久,光大银行和上海银行联合给吉利贷款

10 亿元,为吉利的高速发展加了第一桶油。

除此之外,为了解决资金不足的问题,刚刚上任的 CEO 徐刚为吉利的融资和上市制订了计划。

"兵者,国之大事,死生之地,存亡之道,不可不察也。"上市对于企业的发展至关重要,公司是否通过上市进行股权融资是企业的一项重大决策。中国制造业要继续发展,未来必须通过资本运作上市,走向规模产业。

同样,汽车产业在形成雏形和一定规模之后,需要募集资金和战略伙伴,并通过上市实现规模产业,只有这样,企业才能在未来市场上提高自己的竞争力,确保自己的领导地位。

吉利要实现上市,就需要和其他企业合作。李书福选中了安徽的全柴动力和香港的国润控股。与全柴合作必将是一个多赢的合作,然而在最后签字的关头,由于安徽省政府的一纸命令,使这次合作胎死腹中。

牵手全柴计划破灭之后,处于扩张期的吉利非常需要资金支援,于是另一个融资渠道——在香港上市,变得十分迫切。此时,在香港资本市场上呼风唤雨的贺学初与李书福的相识使吉利有了最为便利的上市渠道。贺学初和他的老搭档在 2002 年组建了一个名叫 Proper Glory Holding Limited(简称 PGHL)的公司,他们用 6600 万港元通过买断增发股票的方式控股了香港一家名叫华南资讯的上市公司。

对于李书福来说,现成的香港上市公司是一个巨大的资源,此时,借壳上市成为吉利的不二之选。

何谓借壳上市? 实际上是一种反向收购的俗称,是指企业在资本市场上通过并购一家已经上市的公司,并将自身的业务和资本并入其中,从而获得上市公司的资格。

借壳上市是企业实现上市的捷径,其时间短、成本低、风险小。同时,主体公司在上市前容易私募融资,投资者往往愿意投资,因为他们希望通过上市成功后将投资转为公司股票以便从中获得收益。

贺学初手上有南华资讯,能够为吉利提供上市的快速通道,充当吉利上市的"壳"。2003年2月,国润控股和吉利签订一个协议,约定国润控股将与吉利汽车合资。这一合作意向一经传出,当时热炒内地民营企业股市的香港股价马上上涨——从0.405港元上涨到0.5港元多。国润控股通过1亿股的配售向香港公众一共募集到5400万港元的资金,为国润和吉利成立合作公司提供了本钱。国润控股向PGHL公司配售1亿股,贺学初和他的搭档们付出5500万港元,保留了股票。

2003年4月7日,国润控股和吉利正式签订合资协议。国润下属的世纪工业和吉利集团的吉利汽车全资组成了浙江吉利国润汽车有限公司,双方的股份比例为吉利的53.2%对国润的46.8%。对于李书福和贺学初来说,重要的不是合资公司的成立,而是要尽快为吉利打通融资渠道,促使吉利的股价上涨。在内地汽车市场一片看好的前景下,国润控股的股价确实在步步上扬,到9月份,股价已经上涨到0.7港元左右。

李书福通过接受贺学初和他的搭档们成立的PGHL公司的股权来实现对香港上市公司的控制。2004年1月5日,国润控股的公告宣布了PGHL公司的股权发生变化,贺学初和李书福的股份达到一致,都为32%,公司改名为吉利汽车。此时,贺学初和他的搭档们手里总计有国润控股的股票22亿股,李书福个人则拥有10亿股股票。

2005年1月,已经改名为吉利汽车控股集团公司的原上市公司国润控股公司,宣称浙江吉利集团将收购它的大股东PGHL的所有股份。但是收购价和收购方式却令很多人跌破了眼镜:贺学初和他的搭档们仅仅以每股0.09港元的价格就出让了所有PGHL的股份,同时他们还将向吉利提供1.53亿港元的贷款,为吉利在将来可能出现的要约收购中提供收购社会公众股的备用资金。

李书福分两次收购了 PGHL 的股份。第一次是李书福收购了占据 PGHL 32％的股份，虽然没有达到联交所要约的规定，但这是一次两个私人公司的交易，可以由双方商定价格。李书福在那个价格里可以将贺学初投入到吉利汽车的资本偿还给他。第二次交易达到了要约收购的程度，但是 0.09 港元的交易价格远远低于吉利汽车当时 0.45 港元的市价，因此社会公众股股东根本不可能选择要约收购。而通过这样两次收购交易，贺学初完成了他退出吉利套现的目的；同时，李书福也实现了成为公司大股东，让吉利汽车名正言顺成功在香港上市的目的。

吉利汽车的股权结构是一个精妙的设计，它以合营方式，通过交叉控制，促使李书福实现了吉利汽车的上市梦。同时，他旗下的汽车产业为上市公司贡献出大部分的利润，保持了对吉利汽车核心资产、业务的控制，不至于将多年苦心经营的成果拱手送给旁人。

经过百转千回，李书福终于把吉利汽车送进了上市公司的行列。值得一提的是，面对民营企业风起云涌的汽车热，2004 年政府出台了《汽车产业政策》，在放开汽车产业准入的同时，还规定最低的投资规模不得低于 15 亿元。这实质上限制了从"轻小集加"工业发展起来的民营企业进入汽车行业的可能，但此时李书福已经实现上市，跳过了汽车梦里最危险的资金门槛。

吉利汽车从 2002 年获得准生证，到 2004 年成功上市，在这两年之内，李书福把他的汽车梦向前推进了两大步。但是在这个过程中，李书福付出了巨大的代价。因为无从知晓什么时候可以获得汽车生产许可证，李书福在与江南厂合作的过程中花掉了 2400 万元，而此时距离拿到"准生证"只有几个月的时间了。因为没有上市的经验，李书福在与全柴合作的过程中足足花去了一年左右的时间。当李书福费尽千辛万苦将吉利送上香港交易所的屏幕时，很多比吉利更小的公司已经上市了。

对于任何企业,上市都不是一帆风顺的,期间必然会遭遇重重困难,吉利也是如此。然而,作为一家内地的民营企业,能够在境外实现上市,走上国际大舞台上,对其自身的发展和成熟极其有利。

李书福通过上市融资,为吉利的快速发展提供了更多的资金,吉利因此能够进行规模规划。同时,企业管理也能因为上市更加规范化,有利于吉利管理团队水平的提高,并且上市之后吉利能够在市场的重组过程中抢占先机,提高市场竞争力。

案例2·趁"危"扩张——反其道而行之

2007年至2008年的一场环球金融危机席卷全球,百业不振,很多汽车企业受到冲击,选择了"猫冬"。而吉利却不被危机吓倒,迎难而上,这里也体现了李书福的偏执,他让吉利通过大扩张诠释了兵法中的"反其道而行之"。

金融危机为吉利带来了一些机遇。在此期间吉利采购了很多具有先进水平的机器设备,引进了很多人才,但是却用了相对金融危机前很低的价格。所以李书福总是这样说:"不要'猫冬',而是要'冬泳'。没有别人的危机,哪里有我们的商机?"

机会总是垂青于有准备的人们。金融危机对全球的汽车产业造成了巨大的影响,而吉利在这个过程中抓住了许多机遇,这自然离不开李书福和吉利之前为此做出的充足准备。

2007年,吉利在宁波与80家经销商联合发布了《宁波宣言》,作出战略转型,从单纯的成本领先向技术先进、品质可靠、服务满意全面发展。为了实现转型,李书福将曾经诞生过吉利第一辆整车的浙江宁海生产基地的所有生产线和厂房全部淘汰,原来主打的"老三样"——豪情、美日、优利欧全部停产,整个生产基地停产一年多,李书福为此付出近 8 亿元的代价。不少经销商不认可吉利的转型,选择了退出或者暂停提车,吉利的销售业绩因此出现大幅下滑。

在周围人的一片质疑声中,李书福投资 20 亿元在宁波北仑建起新的生产线,生产吉利"新三样"——远景、金刚、自由舰,以及帝豪等新品牌,这些新品牌所占比例已经超过 95%。吉利帝豪品牌在 2009 年 9 月的成都车展上大出风头,首批到达的车顿时销售一空,同时还有近 200 名客户排队定车。

在金融危机下,吉利除了向中高端产品上升外,还于 2009 年 3 月以 4740 万澳元收购了澳大利亚的自动变速器公司 DSI,这一收购使吉利在核心零部件的竞争上具有了更大的话语权。不仅如此,李书福还从国外引进技术,投资数亿元建立汽车研究院,这样吉利可以每年推出 4 到 5 款全新车型和机型。

国家在金融危机的大背景下,为了振兴汽车产业推出了很多政策,比如汽车下乡。但是,就在此时,李书福却果敢地关掉了一些可以享受汽车下乡补贴的车型的生产线。李书福为了显示自己彻底进行战略转型的决心,他将那些技术落后、产品相对比较陈旧的生产线全部淘汰掉了。偏执的李书福清醒地知道:吉利要长足地发展,就一定要生产技术领先、品质优秀的产品,同时还必须以优秀的服务赢得客户的信赖,从而转变吉利的品牌形象。

在很多汽车企业都在收缩阵线时,李书福却大胆出手,四处出击。这主要有两方面的原因:一是因为此时吉利已经通过自主创新拥有了自己的技术,发动机、变速器和整个的电控系统都是吉利通过自主创新实现的。如果发动机要进口,每台可能需要两三万元,但是吉利自主研发的发动机只需要几千块钱,同样自主研发的变速器和电控系统也为吉利节省了一大笔钱。如今吉利生产的汽车在品质上和国外高科技产品是不分伯仲的,但是价格却低很多,吉利因此更具有竞争力。二是因为全球经济低迷,国外那些掌握专利技术、专利设备、高级人才的企业原先不愿意或者只会用非常高的价格出卖他们的技术和设备,而如今吉利可以用低价购入。除以上两个原因之外,中国政府在金融危机期间出台了很多好政策,比如免掉关税、删去一些审批程序等,吉利在这场金融危机中将这些好机会都利用了起来。

企业与企业家的成长方式除常规的循序渐进之外,还有一种非常规的跳跃式成长方式——抄底。抄底可以改变企业的原生态生长方式,是实现商界格局突变的基因。抄底的真相在于,在经济低谷时期以更低廉的价格将资源收入囊中,重新进行资源分配,从而将宏观的危机转化为局部或个人的机遇。显然,抄底为李书福带来了机遇。

在这一时期,澳大利亚变速器公司 DSI 的部分客户在市场上由于金融危机的影响受到严重冲击,2009 年 2 月中旬,DSI 进入破产程序,其经营存续面临历史性选择。李书福在得知 DSI 破产消息后果断地提出收购计划,最终在 15 个买家中胜出,吉利在不向银行举债的前提下仅用了 4 个月的时间就完成了海外融资,并在 2009 年 4 月成功收购澳大利亚 DSI 作为海外全资子公司。

DSI 自动变速器公司是全球知名的高端汽车自动变速器供应商,融研发、制造、销售为一体,是全球仅有的两家独立于汽车整车企业之外的自动变速器公司之一,在排量为 1 升至 2.5 升的汽车自动变速器领域具有世界领先地位。

吉利汽车成功收购 DSI 自动变速器公司之后,将给 DSI 提供一套适合全球发展的新战略。同时,吉利将继续保留 DSI 品牌和 DSI 公司运营的相对独立性,以确保为全球客户提供服务。吉利通过收购 DSI,在原有小扭矩自动变速器的自主知识产权的基础上,对吉利产品线进行了进一步丰富,吉利自动变速器的研发和生产能力因此得到了进一步强化。吉利副总裁王自亮表示:“我们十分看重 DSI 在变速箱领域的前沿技术和强大的研发能力。”

李书福对 DSI 公司的整合十分成功,到 2009 年年底,通过为吉利的新车型匹配动力总成系统,DSI 已经开始获得收入,同时复兴的福特和破产重组的双龙也开始收购 DSI 的自动变速器。到 2010 年元旦之后,李书福宣布"DSI 公司扭亏为盈了"。

李书福在金融危机时期,选择了"冬泳"而非"猫冬"。在他看来,2009 年对吉利而言是迈向国际化、规范化、打造民族品牌的一年。9 月,国际著名投资银行高盛选择与李书福合作,通过认购可转债以及认股权证投资吉利。而吉利则通过发行可转债将获得的 18.97 亿港元作为公司的资本支出、潜在收购以及一般企业用途。高盛能够在自身尚未从全球经济危机中完全复原的情况下选择吉利,李书福认为高盛看中的正是他本人的潜力。

股神巴菲特在一份声明中说道:"高盛是个杰出的机构,并且拥有足够的人力和金融资本来继续其杰出的表现。"而高盛能够选择吉利、投资吉利正印证了巴菲特的评价。

2009 年 11 月 16 日,李书福在众多汽车厂家在广州车展上宣传销售纪录的同时,依然不按常理出牌,而是宣布带队前往欧洲进行访问。这一系列行动,无疑为吉利成功收购沃尔沃做出了充足的准备。

李书福认为:"任何海外并购都是有风险的,没有合适的就坚决不做。而且并购要根据企业的自身实际情况,不能因为便宜就去并购,这样风险会很大。"

李书福在金融危机席卷全球的时候为何频频出手海外? 出身仰融旧部、在国际资本市场长袖善舞的吉利首席财务官尹大庆做出这样的解释:吉利以中国自主品牌汽车企业进入国际市场,进行海外并购的原因在于,中国企业有低成本优势,同时吉利通过海外并购获得了技术和网络资源,此外还可以规避贸易壁垒和汇率风险。

在危机时刻,李书福趁危扩张,反其道而行,再一次显示了他偏执的个性。对他和吉利而言,这场金融危机也是一个机会,是企业发展的一个动力。正如巴菲特所说,"只有退潮了,才知道是谁在裸泳。"当生存的土壤变得贫瘠时,才知道哪些企业更为卓越和优秀。

案例3·圈地的险招与奇招

在全球金融危机的阴云笼罩下,几乎所有的汽车厂商都低调行事,即使出现个别逆势飘红的厂商,也对此低调处理。绝大多数厂商的选择是在尽量不增加人手、不增加投资、调整现有生产线产能的基础上提高产量,而李书福却选择了剑走偏锋,勇出奇招。

2008年11月6日,吉利汽车第十个基地——湖南湘潭市九华工业园区投入使用。在短短的10年时间内,李书福在全国范围内疯狂地圈地,他连续在湖南湘潭、甘肃兰州、浙江慈溪、山东济南、四川成都、广西桂林等地正式投资或者规划建设生产基地,加上吉利原先建立的四大生产基地,吉利汽车已经拥有了十大生产基地,荣登全国车企之首。

与吉利汽车十大基地相对应的是李书福提出的200万辆产能规划。2008年,吉利的全年汽车产销量在20万辆左右,但由于车市环境的日渐低迷,吉利汽车已经开始显现出产能过剩的危机。

对此,李书福在参加第六届汽车产业高峰论坛时解释说:"我们建造基地的投资并不是像大家想象的那么高,基地是不花什么钱的,我们最主要的资金都用来搞技术研发了。"他能够接受的公司负债率为60%~65%,而吉利目前的负债率就在这个位置。

吉利从2007年5月开始战略转型,为2015年进行战略布局。具体计划为2008年实现30万辆,2009年实现50万辆,2012年实现100万辆,2015年实现200

万辆。吉利在 2008 年的前 10 个月的产量比上年同期增长了 12％。随着产能的不断增长,吉利开始推行多品牌战略。与吉利湘潭基地共同启用的还有吉利全新的品牌——全球鹰,这是继吉利牌和华普牌之后,吉利全新打造的品牌,标志着吉利正式启动多品牌战略。

吉利副总裁刘金良表示:"整个吉利汽车未来的产品线将由 3～4 个品牌构成。"吉利牌和华普牌将逐渐退出吉利的品牌线,同时华普品牌将被"上海英伦"品牌所替代。吉利自 1997 年进入汽车行业以来,一直以低价示人,吉利汽车似乎已与低端汽车画上了等号,实行战略转型就是为了让吉利与"低端、廉价"彻底划清界限。为此,吉利逐步淘汰了老款车型——豪情、美日、优利欧,而通过自由舰、金刚、远景等来开拓市场。这些举措保证了吉利单车利润维持在 5000 元以上,据 2008 年的报表显示,吉利的利润增长了 217％,销售额达 6.7 亿元,比上年同期增长 119％。

按照李书福对吉利的产品规划,截至 2015 年吉利将推出 15 个产品平台,衍生出的各种车型将达到 42 款。为此,吉利将在每个基地实现特定车型配额。例如,湘潭基地和兰州基地在 2008 年为吉利带来了 15 万辆的产能,其中湘潭基地为 10 万辆远景,而兰州基地为 5 万辆自由舰。

李书福在 2009 年 3 月的恳谈会上为业界描述了吉利未来 10 年的战略规划,在已经完成的台州临海、台州路桥、宁波北仑和上海华普四大生产基地的基础上,吉利将投资总计 328 亿元完成兰州基地、湘潭基地、济南基地、慈溪基地的基建和产品投产。此时的吉利已经负债百亿元,却做出如此之大手笔,不能不令人称奇。

按照汽车产业发展规律,多基地生产模式的发展将增加生产成本、物流成本和采购成本。但是据吉利有关人士介绍,目前吉利的多基地生产模式不仅没有增加成本,反而还为吉利节省了很多资源。

　　吉利汽车销售公司总经理刘金良表示，从采购方面来说，吉利的生产基地都设在配套较为便利的上游地区，而每个基地只生产特定的一款车型，这种生产模式有利于扩大单款车型的产量，迅速形成规模效益，从而达到降低采购成本、提高生产效率的目的。

　　吉利为何不采用一些国外大厂所使用的多款产品共线生产模式？对于大家的这一疑问，李书福作出这样的解释："这与我们的供应链管理有关系，同时也和工人的素质有关。"他认为，吉利在短期内很难实现共线生产。至于物流，由于可以进行大规模配送，同时采购和生产也可以在接近销售市场的地方进行，因此也降低了物流费用。

　　同时，在这十年规划中，吉利将从 2010 年左右起开发满足各国法规和消费习惯的40 多款车，以及开发出满足国内外需求的汽、柴油发动机和手、自动变速箱等。

　　吉利在四大基地的建设中，分别通过向银行贷款 30 多亿元、从香港资本市场调用 20 多亿元资金来逐步完成，然而这些资金相较于吉利快速扩张所需的大量资金相差甚远。因此，吉利在盘下慈溪和济南基地后，不得不依靠当地政府的支持，并通过适当放缓基地建设来暂时缓解资金压力。与此同时，一项对于吉利而言，比建设基地更为重要的收购即将展开。3 月 27 日，李书福与澳洲新南威尔士州正式签约，将 DSI 收入囊中，成为吉利旗下全资子品牌。DSI 具有年产 18 万台自动变速器的生产能力，曾为福特、韩国双龙、印度 Mahindra 和俄罗斯 TagAZ 等公司提供动力传动系统。DSI 拥有的 4 速、6 速前后驱动及全驱动大扭矩自动变速器将成为吉利未来生产 40 多款车型的强大技术支撑。

　　金融危机背景下，李书福选择不断地圈地。当吉利完成对各大基地的基本布局和对具有关键技术设备制造商的收购之后，吉利对汽车市场的判断似乎呈明朗态势。在这一时期，与吉利一样，奇瑞也做出了将企业做大的计划。2009 年，奇瑞公布了作为高端乘用车 G6 的品牌发布以及瑞麒的高端商用车品牌发布。同时，宣布了年内 16 款新车发布及网络发展规划。对于奇瑞和吉利而言，它们此时的共同思路或许就是在谷底建仓并等待后市转好。但是，两者有所不同，奇瑞是一家地方国有企业，显然其在获得地方政府的政策和资金的支持方面要比吉利更为便利；对于吉利而言，在香港的上市公司尽管能够成为其便利的融资渠道，但显然目前形势并不是融资的最佳时机。

因此，李书福在金融危机时刻的偏执正体现在他选择不断地圈地，圈地既是一险招，也是一奇招。一方面，通过大肆圈地布局来高调宣传吉利的扩张实力，从而表明其有获得各方资金支持的能力；另一方面，他还在积极筹款，为现有生产基地和产品实现有效配置进行着艰辛的努力，这都是为了使吉利尽快地形成销售规模，从而加快现金周转速度，以弥补资金缺口，让吉利熬过春天即将到来前的几场倒春寒。这一时期，李书福坚信，吉利的春天一定会很快到来。

本章启示

金融危机席卷全球，很多企业在这场金融海啸中开始"瘦身"，希望能够安然过冬。但是，李书福却选择了一条扩张之路。中国传统文化的精髓思想对危机二字有着双重解释：危是危险，机是机会。企业面对危机，如果能够力挽狂澜、转危为安，那么危机就会成为企业发展的一种原动力。

很多创业者或者企业家在运作企业时，都会遇上一些不测的风险和危机。如果创业者能够很好地利用危机中暗藏的机遇，将危机变为机遇，那么就可能更好地获得成功。李书福显然深谙此道，综观他的创业史会发现，他依靠自身的偏执智慧和一不怕苦、二不怕穷的精神,在危机中发现机遇,选择扩张和大肆圈地,从而创造了商业界一个又一个的传奇。

因此,创业者和企业管理者要学会审时度势,坦然应对危机。除此之外,李书福的融资策略和企业管理模式,值得每个处于创业阶段或者领导岗位的人借鉴一二。

通过本章案例,我们可以得到以下这些启示:

1. 抄底,让危机成为机遇

每个企业在发展过程中总会遇上这样或那样的危机,危机带来的不一定都是挫折或是企业的倒闭,有时候可能是一种机遇。

众多企业在金融危机下噤若寒蝉,纷纷收缩阵线,哪还敢大肆扩张?然而吉利逆势而动,这不失为一个奇招、险招。抄底之王——巴菲特的投资生涯从来都不是一帆风顺的,但是他从不放弃任何一次抄底企业的机会。他总是在残酷的寒冬,将剩下的种子以低价收进粮仓,因为他已经听到了春天知更鸟的叫声。在这个世界上,只要有人需要资本,并且有人能够提供资本,危机就不会定格。在金融危机来临之际选择了抄底,挖掘并利用了危机背后潜在的机遇,使这场金融危机成为企业占领市场、占据未来发展先机的转折点。

2. 创业成功离不开融资成功

在当今这个以资本说话的年代,学会融资和资本运作对企业的发展至关重要。资本运用自如得当,会很好地促进企业的发展壮大;相反,运用不当则可能会给企业带来无法挽回的损失和灾难。因此,企业要想更快的发展,仅仅凭借自身的实力是不够的,企业管理者还应该学会融合各种资源。

几乎99%的创业成功都离不开融资的成功,几乎99%的不幸失败都少不了融资的失败。融资的渠道和方式很多,通过上市进行融资是其中之一。企业上市融资不仅可以筹集企业发展所需的资本金，从国内乃至全球资本市场引进投资者、改善股权结构，还可以完善现代企业管理制度，借鉴和吸收投资机构的行业投资经验、资本运作能力，成为企业实现国际化和全球化战略的助推力。

当然，融资有道，要实现融资，除了通过上市之外，还有很多其他的方式和途径，比如：通过债权、股权、贸易、专业化协作等方式进行融资。企业家应该根据自身的需求选择适合自己的融资方式。

3. 敢于反其道而行

很多时候，我们在不知不觉地跟着大多数人的步伐行进。犹如一群山羊，只知道跟着前面的羊选择行走的方向，一旦领头山羊走错了路，后面的羊必然也一起跟着走上"不归路"。有时，我们因为习惯而没有考虑逆道而行，或是畏惧走与众人相反的方向，从而错失了一些可能成功的机遇。因此，反其道而行需要勇气。只有我们敢于反其道而行，才会看到不一样的风景，获得不一样的成功。

4. 注重企业间的文化融合

并购成功之后，企业间的文化融合尤其重要。"打江山容易，守江山难"，并购成功之后的"守江山"、使并购企业为我所用，对企业的自身发展和并购企业的良性运转都极为关键。文化，这个似乎看不见的因素，决定并购的最终成败。企业和企业之间的文化存在差异，中西方文化更加迥异，因此，要想顺利进行并购，以及达到并购之后的双赢，文化的作用不可忽视。不仅并购如此，即使是在一般的商业谈判中，企业家也要十分注重双方文化的融合，不要让合作输在文化上，力求在感情上获得全胜。

第九章

步步为营——鲸吞沃尔沃背后

艰难却不失稳健的并购

我有一个雄心,或者说是野心,就是一定要通过收购沃尔沃,将吉利和沃尔沃同时引向一个光明的未来,进入世界汽车工业的第一方阵。我们要用有生之年为中国人做一个世界顶级的汽车品牌。相信这一点吧!大家知道,我平时的决策是很民主的,但这次你们一定要听我的!

——李书福

2010 年 3 月 28 日,中国民营企业吉利集团成功签约并购瑞典沃尔沃汽车公司,上演了"农村青年迎娶欧洲公主"的惊世之举。这是中国第一家完全收购具有百年历史的汽车品牌的企业,成为全球关注的焦点。而事件的核心人物——"汽车狂人"李书福更是备受关注,至此,他开始了自己汽车行业最辉煌也是最艰辛的一跃,凭借敢想敢为的偏执个性又一次成为了镁光灯下的主角。

只有海外企业收购中国企业,中国企业没有能力收购海外企业的历史已经远去。如今,越来越多的中国民营企业在收购海外企业的浪潮中激流勇进,剑拔弩张的海外收购大手笔也已屡见不鲜。李书福在接受媒体采访时表示："从很早开始,我们就定了要跨国收购的目标了。"中国汽车工业在国际上相对比较落后,因此需要引进技术。价格战固然能在短期内占有市场,但往往以规模化生产为代价,因此,激进扩张成为一些企业的选择,最终可能导致企业断裂。吉利决定实施战略转型,其中收购沃尔沃,就是为了弥补技术这块短板。

牛顿说过:"如果说我能看得更远一些,那是因为我站在巨人的肩膀上。"中国的民营企业为了看得更远一些,于是将视野和品牌拓展到全球各地,不断进行海外试水,并购呈风起云涌之势。在并购眼光上,中国的民营企业有着天下之大尽收眼底的气势。同时,在国际市场上,他们已学会谨慎地隐藏着这些雄心壮志,并注重言语的逻辑性和周密性,这让海外企业顿感棋逢对手。但是,在并购手法上,中国的民营企业仍显幼稚,同时,在思想上也存在一些错位。

中国民营企业折戟海外并购的不在少数,其中 TCL 实行海外并购,并没有因为站在巨人的肩膀上而看得更远,反而陷入连连亏损的泥沼。

TCL 通过不断跳跃、转型,实施"独木成林"多元化战略,一跃成为全国彩电龙头企业。2003 年,TCL 不再甘心屈居国内,准备在海外大施拳脚。决定走跨国并购这步棋的 TCL 期望通过兼并收购发达国家的品牌从而直接切入欧美市场,迅速提升技术、品牌与市场竞争力。凭借自身雄厚的经济实力,TCL 先后收购了德国施耐德、美国高威达、法国阿尔卡特的手机业务等。然而,接连的并购没有让 TCL 董事长李东生实现做大、做强的愿望。反而由于品牌、文化、管理、整合等存在的漏洞,TCL 陷入资本困局,李东生焦头烂额之后,只有选择割肉补疮。

TCL 等民营企业的并购失利值得吉利等实行海外并购战略的企业引以为戒。并购的成败,不在于企业家的豪情万丈与资金的喷涌而出,而在于市场的检验。如果民营企业太急于向世界展现自己的资金曲线和强大意志,那么并购可能就是一场祸水。并购之前必须进行充足的准备,以及并购之后的整合工作也至关重要。

吉利在海外并购中也曾多次试水,其中在三次典型的并购中,以并购沃尔沃汽车公司受到的关注最多,规模最大,也最具代表性。从吉利成立至今,商业谈判的次数已难以计数,而此次与福特关于并购沃尔沃的谈判,涉及面和深广度史无前例,其声势之浩大是此前合资或并购英国锰铜和澳大利亚 DSI 所不能相提并论的。自 2009 年年初福特方面宣布出售沃尔沃公司开始,李书福和吉利就早已开始了一系列紧锣密鼓的准备工作。2010 年 8 月 2 日,吉利并购沃尔沃交割仪式在伦敦进行,至此吉利完成对福特汽车公司沃尔沃业务单元的收购,总收购金额为 18 亿美元。

历时一年之久,一场备受全球汽车业关注的中国吉利并购瑞典沃尔沃轿车公司的华丽盛宴就此画上了圆满的句号。吉利鲸吞沃尔沃背后,是无数人从精神到体力的马拉松赛跑,这场国际顶级的商业对弈可谓绝境逢生,更是智慧和胆识的较量。同时,并购之后企业的整合,也是海外并购取得成功的重要一环。李书福和吉利任重道远。

案例 1 · 盲动,还是棋局?

现在,越来越多的中国民营企业对借道海外品牌跃跃欲试,但海外并购并不都是唐僧肉,需要三思而后行。并购必须作为企业发展战略的一部分,需要对被收购项目进行详细风险评估后再考虑是否收购。

《2009 年世界经济形势分析与预测》主编之一李向阳表示,在过去 20 年的全球大型企业兼并案中,最终能够真正取得预期效果的不到50％。在中国,67％的海外并购以失败告终,这一情况令人担忧。

企业在进行海外并购时,需要有周密的计划和设计,出手要谨慎,不要迷信洋品牌。如果并购的是徒有其表者,再廉价,也是赔本的买卖。即便所并购的资产是优质资产,也要考虑其与自身企业是否具有良好的协同效应,判断并购后能否产生1＋1＞2 的效果。为此,民营企业需要做足内功。

同时,企业也不要充当守财奴,要知道并购机会稍纵即逝。如果做好了准备,就须在并购良机到来之时果断出击,而非谨小慎微地捂紧钱袋子。

李书福早在 2002 年年底就预判福特可能会出现问题,便开始对沃尔沃这块"肥肉"感兴趣。这一年,吉利才刚刚步入正轨。2007 年,吉利宣布实行战略转型,其自身拟定的国际市场发展战略要求立足国内市场,放眼国际市场,调动国外的有利资源。收购沃尔沃不仅会给吉利自身的业务带来增长机会,还可以帮助中国自主品牌汽车企业尽快走向国际市场,同时嫁接国际知名品牌,使之为我所用。

因此,并购沃尔沃可以给吉利带来多方面的利益,这构成了李书福进行海外并购的动机。

2007 年 1 月,在北美底特律车展上,李书福会见了当时任福特汽车首席财务官的勒克莱尔,这是吉利首次与福特接触。就在这次会见中,李书福含蓄地表达了吉利对沃尔沃的心意,并希图和福特合作,这堪称"吉沃恋"的首次表白。

2006 年福特公司出现 127 亿美元的巨额亏损,这意味着福特平均每销售一辆车就亏损 1925 美元。福特出现巨额亏损的主要原因在于北美市场销售量的急剧下滑。2006 年福特在北美市场的销售量比上年下降了 9％,为此,福特不得不采取关闭 16 家工厂、减少 4 万名员工的措施进行自救。在公开场合,福特公司还表示,2007 年和 2008 年福特将出现更多的亏损,并预计到 2009 年才能恢复盈利。

在此次会见中,李书福虽然做了很大的努力,但是并没有引起福特首席财务官勒克莱尔的高度重视。由于彼此了解都不够,期间探讨的包括沃尔沃在内的诸多问题没有取得任何结果。中国有句俗话是"瘦死的骆驼比马大",福特虽然出现巨额亏损,但事态远没有发展到将旗下沃尔沃出售的地步。

李书福一旦有了收购沃尔沃的实际想法就很难放弃。2007年9月,李书福从杭州向美国福特总部发出一封挂号信,正式阐明吉利收购沃尔沃的想法。但是,福特收到信之后并没有作出回应。

对此,李书福虽颇感辛酸,但他也能理解:福特为什么要理睬你?他清醒地知道,彼时的沃尔沃就像一位国王的千金,而福特就是那位国王,他们根本不会看上这个来自中国的"农村青年"。因此,转换立场一想,李书福没有什么好抱怨的。

吉利要收购沃尔沃,此时还不具备中国人所谓的"天时",尽管这个时期福特碰上了巨大的困难,但还没有出售高端品牌的计划。福特公司CEO穆拉利这样说:"我们知道我们的位置,我们正在按照计划逐步改变不利局面。"同时,福特是一家世界著名的汽车公司,向来注重声誉,即使要出售沃尔沃,也会对收购方提出很高的要求。

虽然福特在那时没有理睬吉利,但是李书福并没有就此气馁,他坚信:沃尔沃一定会卖。

2008年10月24日,随着金融危机的来临,汽车预测机构发布报告称,由于受次贷危机和经济下滑的影响,全球汽车市场或在2009年崩盘。这是汽车行业出现的最可怕的警讯。在这场危机下,通用、克莱斯勒最终步入了破产保护程序,福特也没有幸免于难,2008年度其净亏损额高达147亿美元,亟须现金流度过美国汽车工业的危机。

福特公司掌门人穆拉利曾在飞机制造业巨头的美国波音公司服务过34年,由于成功将波音带出困境,2006 年被美国《航空周刊》评选为"年度风云人物"。那一年,他职业生涯发展重大转折,担任福特 CEO,并决心将福特扭亏为盈。他认为,福特的百年历史是一笔巨大的财富,但同时也使福特变得臃肿不堪。为此,他提出"一个福特"的战略,在福特内部强调说:"不要再幻想自己是一个多大的企业,一定要务实地将自己的规模调整到最有效率的状态。"在穆拉利的带领下,福特出售了长期处于亏损状态下的阿斯顿·马丁、路虎和捷豹等。福特公司期望通过环环相扣的多重瘦身得以轻装上阵。

此时,沃尔沃虽然也在亏损状态,但是这个品牌的巨大价值和潜在发展机遇还是十分诱人的,并且,福特也感到沃尔沃在细分市场和汽车技术方面正好能够与之互补。因此,在沃尔沃卖与不卖这个问题上,福特十分矛盾。同时,正是由于沃尔沃是一只潜力股,也引来了吉利等众多的竞购者。

2008 年 3 月,李书福与福特和沃尔沃的高管团队实现了第一次真正意义上的会面。在这次会面中,李书福直接表达了吉利有意收购沃尔沃的想法,并向福特公司正式递送了提议函件。但是,当时福特并不完全了解吉利,同时还在努力挽救沃尔沃这一品牌。

李书福为了让瑞典人进一步了解吉利,他专程派赵福全和张芃前往瑞典,就吉利并购沃尔沃一事拜会瑞典王国副首相兼工业与能源大臣毛德·奥洛夫松以及瑞典汽车工会领导人。期间,赵福全详细地介绍了吉利的发展历史、战略、技术以及规划等,虽然会面的时间很短,但是瑞典副首相记住了这家中国民营汽车企业——吉利。

2008 年 7 月,从不轻易放弃决策的李书福向福特递上了吉利并购沃尔沃的意向书。吉利在这次书面的"建议书"中历数了吉利并购的全面计划,包括并购沃尔沃的意义、收购之后的战略以及协同效应等。然而,这一次福特依然没有给出肯定的回应。此时成事的"天时"仍未到来。

随着金融危机的加深,形势对于美国汽车业来说变得越来越不利。福特开始重新评估其对沃尔沃汽车公司的战略方案,穆拉利表示:"鉴于福特和整个行业当前所面临的空前外部挑战,我们在实施'一个福特'计划的同时需慎重评估针对沃尔沃的方案。沃尔沃是全球强有力的品牌之一,在安全性和环境责任方面拥有傲人的传统,并且已经制订了一项积极计划来精简其经营部门和改善财务业绩。当我们进行此次评估时,我们将竭力做出有利于福特和沃尔沃今后发展的最佳决策。"

2008年下半年,福特开始秘密运作出售沃尔沃的资产。此时,李书福所等待的"天时"终于到来。在收购DSI时就与吉利合作的洛希尔投资银行得知这个消息之后,马上告诉了李书福。但是,此时的李书福并没有"疯狂",机遇来临之时他表现得异常冷静,他明白此时最重要的工作是做好充分的准备,凭着匹夫之勇不见得就能将这件事情办好。

李书福对早已成立的并购沃尔沃项目组提出要求,让他们马上着手行动,进一步做好并购沃尔沃的各项前期准备。项目组在上海全封闭的紧张环境中展开工作,用了两个月的时间作出了一批极其重要的研究成果。这些成果包括对沃尔沃这个百年品牌的历史和现状等基本情况的调研,尽管对沃尔沃基本面(诸如:公司的财务状况、知识产权、资产债务、产能与营销、技术设备等)的了解来自公开信息,但是,项目组经过详尽地分析和研究,为并购提出了很多建设性的建议。

研究成果还包括吉利并购沃尔沃的战略可能性,以及并购的协同效应问题。协同效应是任何真正成功的国际并购案的基石,就并购沃尔沃这项工程而言,吉利在财务和技术层面能不能实现互补或达到 $1+1>2$ 的效果,项目组都对此进行了深入的研究和探讨。除此之外,项目组还分析研究了福特的情况以及全球各地潜在的竞购公司,做到知己知彼。

李书福用自己的策略和行动一再证明,在吉利并购沃尔沃这件事情上的偏执绝对不是盲动,而是一个计划周密而细致的棋局。

案例 2 · 艰难谈判——沃尔沃心动了

海外谈判要想获得成功,应该十分注重东西方文化的融合。同时,在谈判的过程中迎合对方企业的需求,从而最终获得双方利益最大化,这才是最终让谈判圆满完成的关键。谈判是一门艺术,也是一次高峰对决的博弈。并购沃尔沃这一国际品牌的海外谈判更是艰难曲折,吉利这个"农村小伙"能够让沃尔沃这位"欧洲公主"对其动心,"求爱"过程的艰辛可想而知。

2009 年年初,吉利迎来了一位重要的客人——福特公司独立董事长约翰·桑顿。他对吉利进行了一番考察,十分满意。吉利汽车明摆着的实力让福特高层开始认真讨论吉利的收购计划。

同年,随着北美底特律车展的开幕,李书福迎来了最为激动人心的一刻。在洛希尔集团董事长的亲自安排下,他在底特律福特总部会见了福特 CEO 穆拉利。这次会谈不同于以往任何一次李书福会见福特汽车高层时的情况。

穆拉利曾经在美国波音公司任职,因此一开始,李书福就大谈波音公司的管理理念和穆拉利将波音成功带出困境的故事,很快拉近了彼此的距离,谈判在轻松愉悦的氛围中继续下去。

"我准备得很充分,顾问团队都请好了",李书福对穆拉利这样说。中国的不少企业在进行海外并购时,都期望谈到十拿九稳后再花钱请财务顾问,这不符合国际并购的游戏规则。事实上只有先花钱请了顾问团队,才能显示出对待谈判的认真态度。李书福这一次符合国际游戏规则的拜访,充分向对方传达了自己的诚意,因此给福特高层留下了深刻的印象。

同时,李书福带来了"中国故事"。这个"中国故事"以中国这些年的发展和开放为大背景,讲述吉利投身汽车行业以来包括"中国研发"、"中国营销"、"中国采购"和"中国生产"的企业基本面,并且凸显"中国制造"和"中国人力资本"。这个故事易于理解,并具有巨大的感染力。穆拉利和福特高层对这个故事产生了浓厚的兴趣,这对日后吉利并购沃尔沃产生了至关重要的影响。

而李书福本人的传奇故事,他的造车史和偏执个性,以及对沃尔沃的专注和热情,是穆拉利和福特高层最受感动的,在李书福身上,他们看到了一种符合美国人创业精神和价值观的特质。

最后,穆拉利这样表示:"一旦启动沃尔沃收购程序,将第一时间通知你们。"这是李书福最愿意听到的一句话。

2009 年 2 月,福特与吉利项目团队在洛希尔公司顾问汉斯－奥洛夫·奥尔森的牵线下在中国谋面,此次福特向吉利提供了沃尔沃的相关重要数据。

汉斯－奥洛夫·奥尔森是沃尔沃前任董事长,他的职业生涯基本上是在沃尔沃度过的。在他的带领下,沃尔沃实现了多项重大的技术突破,他对于吉利十分重要。2008 年七八月份,吉利通过张芃聘请他担任吉利收购事务的专项顾问。这是一个重量级人物,吉利花了很多时间和他交流,让他了解吉利,欣赏吉利。而他,对于吉利的并购事务发挥了举足轻重的作用。

2009 年 2 月,吉利正式启动了代号为"V"的"胜利项目",不久,吉利正式向福特提交了第一轮标书。同年 10 月 28 日,福特公司宣布吉利汽车公司为沃尔沃汽车公司"首选竞购方"。经过多方力量的角逐,吉利终于迎来了这个里程碑式的时刻。被选为首选竞购方就意味着吉利拿到了竞购沃尔沃的入场券。

福特汽车首席财务官路易斯·布斯在这个消息发布后表示:"选择吉利是为了

确保各有关方面的利益获得最佳保证,沃尔沃可以获得注资以便重振。任何收购价都要确保沃尔沃拥有一定的资金资源,包括资本投资,来加强它的业务能力,建立它在全球的特许经销商网络,使福特能够继续关注和实施'一个福特'的战略理念。在日后同吉利谈判中,我们的目标是能在最大限度上使双方共赢。"

在并购案谈判期间,吉利就福特起草的 2000 多页合同进行了 1.5 万处修改标注,并就合同内容向福特方面提出上千个疑问,涉及交易价格、财务、税收、知识产权、养老金等诸多细节。在交锋与妥协中经常有层出不穷的戏剧性变化。在接受《华尔街日报》采访时李书福这样表示,在吉利并购沃尔沃的交易谈判中"经常发生变化",并且"遭遇到困难"。

谈判要比想象的复杂很多,遭遇困难是常有的事情,给李书福和吉利团队带来的心理压力非常大,需要参与谈判者具有足够强大的意志战胜困难,缓解心理压力。李书福对下属付出的努力看在眼里,并感叹道:"你看,我们多不容易……为了知识产权的谈判,赵福全的眼睛由青春型变成了老化型;为了项目审批,童志远的眼睛严重充血,无法睡眠;为了全面协调,沈晖的压力好大,头发白了很多;为了配合国内落地工作,王召兴在兴奋中喝酒,在痛苦中呕吐;张芃顶着牙痛的压力,坚持到项目交割才拔掉牙齿;尹大庆年纪也不轻了,如此努力,想尽办法,在整个项目谈判中发挥了非常重要的作用。为了稳定后方工作,杨健坚守岗位,领导吉利汽车团队直面市场挑战。多么好的一个团队,多么协调的大合作啊!"

并购沃尔沃项目涉及大量复杂的知识产权和其他数量庞大的复杂问题,因此,这是很多人职业生涯中接触到的最复杂的交易。福特收获沃尔沃之后已经与之完全融合,如今就需要从各个方面分拆出来。虽然吉利请了世界一流的咨询专家,但是福特这一百年老店不仅请到全球顶尖的专家和咨询公司,而且其自身就非常熟悉国际并购程序和管理,并深谙博弈的技巧,谈判起来显得游刃有余,给吉利带来了不少压力。参与过全程谈判的人都觉得这是一次高峰体验和奇境历险。

吉利和福特长达一年之久的实质性紧张谈判足以载入全球企业并购史的"吉尼斯纪录"。谈判,到底是技巧还是智慧?李书福给出的答案是:智慧开道,真情护航。尽管整个谈判过程很艰辛,但由于李书福对这一并购事件的偏执,以及吉利团队的充足准备,进展还算顺利。吉利从拿到"入场券"、成为"首选竞购方"的那一刻开始,沃尔沃这个"欧洲公主"已经对吉利这个"农村青年"动心了。

案例3·最后一搏——赌赢明天

吉利要并购沃尔沃,收购价格和知识产权的谈判至关重要。李书福已经成为并购沃尔沃的"首选竞购方",因此,他的最后一搏就在于是否能取得并购价格和知识产权方面的胜利。

海外并购的复杂性让李书福意识到,专业的事情要交给专业的人去做,重大的、生死攸关的谈判离不开懂行的自己人。在并购沃尔沃之前,李书福先后拿到几张"王牌"——资深财务专家尹大庆、资深汽车技术专家赵福全、具有丰富跨国公司并购管理经验的张芃、跨国汽车公司亚洲区高管沈晖等。在具备这些高规格的自己人之后,李书福还聘请世界著名的投资银行、律师行以及公关公司担任收购顾问。就这样,吉利汽车被包装成一个经济轿车专家,同时其对知识产权、劳工关系都极为重视和熟悉,吉利是一家对沃尔沃品牌有着深刻理解和尊重的企业。

从2009年下半年开始到2010年年初,金融市场已经开始回暖,福特的危机也随之减轻,然而吉利却将并购价格由25亿美元左右一路降到18亿美元,这就是最大的戏剧性。

2009年11月和12月,吉利和福特重点谈判出售沃尔沃的价格,一谈就是一个多月。整个谈判过程跌宕起伏,最后以 18 亿美元的价格达成收购协议,这是以沃尔沃、福特、吉利三方的长远利益为前提的,是福特和吉利都可以接受的。

而知识产权的谈判则是一场没有硝烟的博弈。起先,福特寸土必争,但在谈判的对峙中,福特掂出了吉利的分量,因此,退让和妥协必然会发生。最终的结果令人满意:吉利作为 100% 的股东将拥有沃尔沃关键技术和知识产权的所有权,以及大量知识产权的使用权。

吉利成功收购沃尔沃之后,李书福被业内外诠释为中国亨利·福特式的传奇人物。西方产业界对李书福和吉利团队表现出了足够的亲和力,这一震惊世界的并购案也让李书福从汽车狂人一跃成为汽车大佬,并大踏步走向国际舞台。如今,李书福已经达到了其职业生涯的辉煌时期,这一跨国收购更让他俨然成为全球汽车产业版图的一个醒目标点。

据 2010 年英国《每日电讯》评选出的掌控世界汽车工业未来走势的"五位重量级人物"名单显示,除美国总统奥巴马、福特 CEO 兼总裁穆拉利、菲亚特老总马尔基翁和丰田总裁丰田章男外,吉利总裁李书福赫然醒目。可见,李书福已经名扬天下。

然而,并购成功之后,李书福并没有迫不及待地炫耀对沃尔沃 100% 的并购,而是向沃尔沃派遣大批中国管理团队。因为,谈判的成功不代表最终的成功,跨国并购成败的关键在于是否能够顺利整合各种资源。

营销专家菲利浦·科特勒曾经说过:对于跨国公司而言,如果说 20 世纪末是个繁荣的时期,那么到了今天,21 世纪,好景早已不在。跨国公司要想获得过去那样的成功,变得困难得多。跨国并购之后,企业需要在文化层面、管理系统以及客户层面实现良好的整合。

海外并购在中国民营企业中层出不穷,其战略模式的特点主要表现为:进行海外并购的企业往往是所在领域的国内领先者,并购对象一般都是国际知名跨国公司或其所经营业务;实行海外并购的目标是同时获得并购对象的技术、品牌、渠道、人力资源等,从而进行全球资源整合,为企业开拓包括欧美等发达国家在内的全球市场。

计划实行海外并购的企业既要有足够的资本实力,又要拥有极高的管理水平。统计数据显示,在众多实行海外并购的企业中,最终整合成功的比例不到三成,像吉利这种"蛇吞象"式的大型并购案将面临更为现实而巨大的挑战。

在"蛇吞象"式的并购形式中,机遇与挑战并存。机遇在于,一旦整合成功,能一举跨越国际化鸿沟,跻身跨国巨头行列;挑战在于,这种并购存在巨大的风险,一旦整合失败,企业不仅要退出国际市场,甚至可能让国内市场一同崩盘。

因此,并购之后的整合变得极为关键。李书福自然也不敢掉以轻心,面对媒体,他不止一次声明:吉利和沃尔沃是兄弟关系而不是父子关系,并购之后对沃尔沃采取"沃人治沃"的战略。所谓"沃人治沃",是指沃尔沃将保持独自运营的模式,其总部仍设在瑞典哥德堡,并且与员工、工会、供应商以及经销商继续保持原有的关系。这是因为,吉利不管是从技术方面,还是从管理方面来讲,都要比拥有百年历史的国际知名汽车公司沃尔沃稍逊一筹,如果越俎代庖,沃尔沃将不再是沃尔沃,其品牌光环也会逐渐黯淡。

在管理层面,东西方文化存在巨大差异。西方企业强调民主,以理性治企;中国企业强调企业领导的个人英雄主义和员工的忠诚度,民主色彩较淡。因此,东西方企业想要走到一起,实现中西合璧,没有长时间的磨合和睿智的管理是不行的。

并购后的文化整合,最好建立能被双方普遍认可的新企业文化。将中国本土的文化全盘搬到并购目标企业,是不合时宜的,即使这个文化在中国本土企业能够产生巨大的凝聚力。并购目标企业中与当地市场环境相适宜的,且有利于企业发展的文化，应允许其存在。真正的文化整合在于，并购企业应该找出并购目标企业中原文化的短板，并以此作为两个企业文化融合的切合点，从而实现优势互补。

在这一点上，李书福做得很好。他一直坚持"吉利是吉利，沃尔沃是沃尔沃"这一原则，让吉利和沃尔沃实现优势互补，不仅仅指文化方面，还包括技术、销售等各个方面。在中国，吉利销售能力十分强大，而这正好是沃尔沃的劣势；沃尔沃的先进技术则能弥补吉利的技术缺陷。通过并购，吉利能够有效地将沃尔沃的技术优势转化为市场优势。同时，吉利将拥有沃尔沃的关键技术和知识产权，将吉利从低端品牌市场拓展至中高端市场。

为沃尔沃"开拓新市场，降低成本，拓宽产品线，在两年内实现扭亏为盈"是李书福在收购沃尔沃之后的豪言壮语。对此，我们不能预设太多，因为，并购是一回事，真正的磨合与整合又是另一回事。不可否认，这次吉利打了一个漂亮的海外并购战，但是，并购之后的吉利将怎么走，以及沃尔沃将面临怎样的未来，这些都将是更为严峻的课题。希望吉利能够按照李书福为其勾勒的蓝图发展下去，希望他的偏执智慧能够让他赌赢明天。

本章启示

吉利对沃尔沃实施整体并购，这是一个较为复杂和困难的过程，其间涉足的敏感的经济领域都是被重点监管的对象。同时，吉利与沃尔沃在品牌、技术、管理水平等任何一个方面都存在着巨大差距，收购难度堪称中国海外并购成功案例之最。

吉利与福特经过一年半的拉锯战，终于"抱得美人归"。李书福这一"蛇吞象"壮举的实现，离不开他对收购事件的偏执和8年多来对沃尔沃的关注，以及吉利整个管理团队历时一年多的艰苦谈判。吉利最终将沃尔沃的全部股权收入囊中,向人们证明了中国汽车企业的实力。然而对于李书福和整个吉利来说,更需要证明的是中国民营汽车企业运营世界级品牌的能力,这无疑是更为巨大的挑战。

吉利完成收购沃尔沃100％股权,荣登中国汽车企业成功收购海外豪华汽车企业及品牌排行榜的首位,为中国企业实现海外并购提供了借鉴和指导作用。

通过本章案例,我们可以得到以下启示:

1. 做好准备工作,知己知彼

李书福萌生收购沃尔沃的想法,以及随着收购计划的深入和执行,他一直都在做着准备工作。他有激情有想法,做出决定就义无反顾,绝不逞匹夫之勇,这些特点在吉利并购沃尔沃这个项目上展现无遗。敢于冒险、敢于拼搏固然可贵,但前提是做好充足的前期准备。并购不仅需要了解自身的情况,还得摸清竞争对手的能力,以及出卖方的心理底线,因此,准备工作十分繁重。

知己知彼,方能百战百胜。不管是在商业并购中,还是企业家开展其他任何一项工作,以及创业者选择创业,都一样适用。

2. 学会适当的妥协

在商业社会中,学会妥协,懂得隐忍之术,也是企业家该有的素质。吉利在与沃尔沃的谈判过程中能够很好地将妥协放弃和寸土必争灵活地交替运用,这是企业家在与对手合作谈判中值得借鉴的。在商业合作中,无论是一场谈判,还是整个谈判过程,谈判的灵魂人物和主谈手首先需要掌握谈判的重心和核心价值,做好哪些筹码是可以舍弃的心理判断,做到有保必有舍。李书福认为,合理且适度的妥协和投降是一种君子的态度。

在此,所谓妥协,是指在不涉及切身利益的前提下,作出的适当让步;所谓投降，是指要尊重事实、尊重真理，在真理面前必须屈服，这同样也是一种企业家精神的体现。在企业中不可能由一个人说了算。中国许多企业发展到一定规模之后面临失败，很大程度上就在于一言堂，搞"长官意志"，不懂得妥协和投降。学会适当的退让，可以达到以退为进的目的，值得企业家学习。

3. 坚守底线

创业者或企业管理者在进行商业合作时，需要明晰自己的目标，坚守底线。一些人在创业初期会不择手段聚敛财富，从而丧失诚信；一些企业管理者也会在利益面前变得唯利是图，丢掉商人的行商底线。他们在采取这些行为时，看似获得了利益，但是，由于没有坚守诚信的底线，这些利益也是暂时的。只有与合作者实现双赢，才能不断达成交易，维持双方更为持久的利益关系。

在商业合作中，管理者在结合对方的情况设置底线之后，就要尽可能地坚守底线，在此前提下，可以灵活地作出一些让步；但是一旦触及底线，宁可放弃生意也不能妥协。因为，一旦让出底线，对方就可能会得寸进尺、得陇望蜀，导致自身商业利益无法得到保障，合作也很难进行下去。

后　记

　　浙江台州这座新兴的城市为中国孕育了一大批与命运抗争的农民企业家，他们敢冒险、善创造、有硬气、不张扬，勤奋、执著且吃苦耐劳，用各自的成就诠释着中国梦想。李书福就是他们中的一员，他凭借自己的偏执智慧将吉利汽车推上了一座座高峰。

　　有幸写这本书，心中充满着难言的喜悦。写李书福的过程也是自我提升的过程，他的敢为天下先、认定了就不放弃的精神值得每个创业者借鉴、学习。同时，他敏锐的商业嗅觉也着实令人佩服，能够高瞻远瞩，先人一步做出决断。

　　李书福的创业史富于传奇性，从一名普通的照相师，转身变为"汽车疯子"，如今更一跃登上国际舞台，成为万众瞩目的汽车界大佬。

　　从高中毕业开始一心想着致富，到如今实现鲸吞沃尔沃的伟大跨越，这个过程我们很多人或许终其一生都很难达到。但是，这个有着泥土气息的台州农民企业家却用了不到30年的时间。有几个人敢于在原有领域大获全胜之后，毅然决然转战陌生的行业，并将全部身家赌在未知的将来？有多少人能够经受得起周围人，以及亲朋好友的冷嘲热讽或极力劝阻而偏执于自己的选择？又有多少人能在输得血本无归的情况下东山再起，并在新领域取得辉煌业绩？

　　在舆论环境苛刻、政策条件并不优惠、技术力量十分薄弱、资金极度匮乏、物质条件相当简陋的条件下，李书福用了短短10年的时间就让吉利实现了在中国汽车界几代人企盼了半个世纪而不可得的愿望,成为国内轿车制造业"3＋6"格局的重要成员。这一路走来,其间的坎坷艰辛恐怕只有他自己才能够真切地体会。吉利的发展史是一个奇迹;李书福在打造中国自主品牌轿车征途上的跋涉历程,则让很多人钦佩。

敢为天下先的勇气,是李书福能够获得成功的关键因素。有时候,能否实现事业的突破并不在于条件是否足够充分,而在于是否敢于迈出第一步,这其中所需要的就是李书福的那种偏执于一件事情的疯狂和韧劲。

"少谈点金钱,多谈点精神"是李书福经常挂在口头的一句名言,或许正是由于这一点思想上的与众不同,让他不至于成为视野狭窄、目光短浅的现实主义者。眼中除了金钱之外还具备了一种难能可贵的精神,这种精神让他敢于去追求心中所想,哪怕机会渺茫、障碍重重,他的偏执就在于这种突围。做事先做人,没有高境界和高追求的人难以做成大事。鲸吞沃尔沃之后,一个华丽的转身让这个草根民营企业家成为万众瞩目的焦点,同时李书福本人也似乎变得内敛了许多,变得更加具有一种经历沧桑后的厚重。

成功人士的身上,都有一些值得我们学习的特质,李书福的特质在于他的偏执智慧。这种智慧除具有惊人的胆识和魄力之外,还离不开他敏锐的商业嗅觉和独到的行业判断力,以及独树一帜的管理智慧和人才战略。李书福看似疯狂的表象下,实质潜藏的是理性的分析、专业的运作、巧妙的借势以及最重要的、偏执的智慧。

图书在版编目(CIP)数据

　　李书福的偏执智慧/张明转编著. —杭州：浙江大学出版社，2011.11
　　ISBN 978-7-308-09164-0

　　Ⅰ.①李… Ⅱ.①张… Ⅲ.①李书福—生平事迹②汽车工业—工业企业管理—经验—浙江省 Ⅳ.①K825.38②F426.471

　　中国版本图书馆 CIP 数据核字 (2011) 第 200255 号

李书福的偏执智慧

张明转　编著

策 划 者	蓝狮子财经出版中心
责任编辑	胡志远
文字编辑	魏文娟
出版发行	浙江大学出版社
	（杭州市天目山路 148 号　邮政编码 310007）
	（网址：http://www.zjupress.com）
排　　版	杭州大漠照排印刷有限公司
印　　刷	浙江印刷集团有限公司
开　　本	710mm×1000mm　1/16
印　　张	11.75
字　　数	160 千
版 印 次	2011 年 11 月第 1 版　2011 年 11 月第 1 次印刷
书　　号	ISBN 978-7-308-09164-0
定　　价	32.00 元